アジアの麺
ワタナベマキ

Contents

06 PART1
あえ麺
Soupless Noodles

- 10 ジャージャー麺（中国）
  よだれ鶏麺（中国）
- 11 ねぎ豚辛あえ麺（中国）
  豚と青じその冷やし中華（中国）
- 14 広東風あんかけ焼きそば（中国）
- 15 かに玉あんかけ焼きそば（中国）
- 16 台湾混ぜそば（台湾）
- 17 ジーロー麺（台湾）
- 18 ルーロー麺（台湾）
- 19 ねぎごまあえ麺（台湾）
  干しえびと豆豉のあえ麺（台湾）
- 20 ラートナー（タイ）
- 21 トムヤムヘーン（タイ）
  牛肉と香菜の春雨あえ（タイ）
- 22 ブンチャー（ベトナム）
- 23 ミークアン（ベトナム）
  いかとレモングラスのあえ麺（ベトナム）
- 24 ビビン麺（韓国）
  フェとえごまの汁なし麺（韓国）

26 PART2
炒め麺
Fried Noodles

- 30 野菜たっぷり焼きビーフン（台湾）
  辛み焼きビーフン（台湾）
- 31 海鮮オイスター焼きビーフン（台湾）
  ひき肉ともやしの焼きビーフン（台湾）
- 32 上海焼きそば（中国）
  黄にらとしょうがのほたて焼きそば（中国）
- 33 ラージャン麺（中国）
  もやしとザーサイの焼きそば（中国）
- 38 パッタイ（タイ）
- 39 空芯菜とナンプラーの焼きそば（タイ）
  ほたてと卵の春雨炒め（タイ）
- 40 牛肉とバジルのブン（ベトナム）
  ミーサオ（ベトナム）
- 41 チャプチェ（韓国）
  キムチと煮干しの炒め麺（韓国）
- 42 えび卵麺（中国）
  たけのこと豚肉の黒酢炒め麺（中国）

＊本書の決まりごと

- 各料理に国名や国旗を付記しました。アジア各国で食されている麺料理は、著者が代表的だと思う国を選んでいます。現地の料理名で紹介しているメニューも、作りやすい材料で著者がアレンジしています。
- P5、9、29、55に掲載の器や雑貨は、著者及び編集スタッフの私物やリースです。購入先のお問い合わせには対応できませんので、ご了承ください。
- 小さじ1は5㎖、大さじ1は15㎖、1カップは200㎖です。
- しょうが1かけ、にんにく1片とは、親指の先くらいの大きさを目安にしています。しょうがの薄切りは、風味をよくするため皮ごと使用しています。
- オリーブオイルはエキストラ・バージン・オリーブオイルを使用しています。
- 砂糖は精製されていないてん菜糖を使用しています。
- よく使う市販の調味料についてはP25で紹介しています。
- コンロやオーブンの火加減・加熱時間は目安です。様子を見て適宜調節してください。

52 PART3
汁麺
Soup Noodles

56 牛肉のフォー（ベトナム）
　　鶏肉のフォー（ベトナム）
57 魚介のフォー（ベトナム）
　　野菜のフォー（ベトナム）
60 カオソーイ（タイ）
61 スペアリブとナンプラーのレモン麺（タイ）
62 バミー（タイ）
63 牛骨スープ麺（タイ）
　　トムヤムプリックパオ（タイ）
64 フライドフィッシュのブン（ベトナム）
65 ミエンガー（ベトナム）
66 酸辣湯麺（台湾）
67 担仔麺（台湾）
68 魚だんごとセロリの汁麺（台湾）
69 トマトと牛肉麺（台湾）
70 台湾麺線（台湾）
71 しじみ汁麺（台湾）
　　汁ビーフン（台湾）
72 冷麺（韓国）
73 ユッケジャン春雨（韓国）
74 コングクス（韓国）
75 カルグクス（韓国）
　　豚バラと春菊の韓国麺（韓国）
76 担々麺（中国）
77 五目広東麺（中国）
78 パーコー麺（中国）
79 麻婆麺（中国）
　　ワンタン麺（中国）
80 刀削麺（中国）
81 チャーシューと豆苗のラーメン（中国）
　　高菜と豚肉の汁麺（中国）

44 日本の麺

44 *1* 汁麺
　　えびあられの冷そば
　　オクラと長いものすだち冷そば
45 かまぼこと卵のかやくそば
　　鶏南蛮そば
46 *2* つけ麺
　　なすの揚げおろしそうめん
　　くるみだれそうめん
47 あおさと梅の温つけ麺
　　豚と豆乳の温つけ麺
48 *3* のっけ麺
　　トマトと青じそのサラダうどん
　　冷やしカレーうどん
49 肉ぶっかけうどん
　　ゆばしらすとろみうどん

82 アジアのスイーツ

82 マンゴープリン
83 豆花
84 パクチーアイス
　　ベトナムプリン
85 コリアンダークッキー
　　バナナココナッツフライ
86 ドラゴンフルーツのジャスミンマリネ
　　杏仁豆腐
87 マーラーカオ
　　ピーナッツとごまの揚げだんご

麺のゆで方・炒め方

08 中華生麺のゆで方
09 中華乾麺のゆで方
28 ビーフンの炒め方
29 焼きそば麺の炒め方
50 そば・そうめん・うどんのゆで方
54 フォーのゆで方
55 緑豆春雨のゆで方

コラム

25 *1* アジアの調味料
43 *2* 麺に合う薬味と辛味
　　煮卵・焼き豚の作り方
51 *3* 日本で買えるアジアの麺

はじめに

　アジア各国を旅すると、いつも麺料理の豊富さに圧倒されます。小麦粉や米粉といった麺の種類から、調理法や味つけにいたるまで本当に多様で、訪れるたびに新しい発見があるほど！　私の旅のメインテーマはたいてい「食」で、もちろんアジアの旅でも、地元の小さな食堂や屋台など、いろいろなお店を食べ歩きます。各店それぞれに個性がありますが、特に麺料理には、その店の味の特徴が出やすいように思います。同じ麺料理をあちこちのお店で食べ比べながら、旅してみるのも楽しいかもしれません。

　この本では、私がこれまで旅先で出会ったアジアのおいしい麺料理をたくさん紹介しています。ビーフンや焼きそば、フォー、冷麺など、日本でもおなじみのメニュー以外に、「よだれ鶏麺」（→P10）や「ジーロー麺」（→P17）など、各国の人気おかずを麺と合わせてみたり、こんな麺料理があったらうれしいなと考えた、私のとっておきのレシピも盛り込みました。現地で食べる料理には、その国独自の食材や調味料が使われていますが、日本の家庭でも手軽に楽しめるように、いずれも入手しやすい材料で作りやすくアレンジしています。麺料理の魅力は、具材とあえたり、炒めたり、汁にからめたり、多様に楽しめるところ。本書のレシピを参考に、お好みで味をちょい足ししたりしながら、アジアの麺を楽しんでいただけたらうれしいです。

　また、本書は『アジアのごはん』『アジアのサラダ』に続く、アジアシリーズ3冊目。旅好きのスタッフの皆さんと一緒に、アジア料理の魅力を存分に閉じ込めたシリーズになりました。今回は、スタッフの念願だったスイーツのレシピもちょこっと掲載しています。私が一番好きなアジアのスイーツ10品です。ぜひ麺料理と一緒にお楽しみください。

　　　　　　　　　　　　　　　　　　　　　　ワタナベマキ

PART 1
あえ麺
Soupless Noodles

中国の人気料理や台湾屋台のメニューをアレンジしたり、
タイやベトナムのハーブに、韓国のキムチなど
各国の特徴ある食材を合わせたり、楽しみ方は自由自在。
麺と具をよく混ぜて、混然一体のおいしさを味わって！

アジアの麺 ★ エッセイ

あえたり混ぜたりする麺

生麺と乾麺は
食感や風味が
ちょっと違います

おやつ感覚で楽しめる台湾のあえ麺

　本書では、麺といろいろな具材を、あえたり混ぜたりして食べる麺料理を「あえ麺」としてご紹介しています。「ジャージャー麺」（→P10）や「ビビン麺」（→P24）など、日本でもおなじみのメニューのほか、タイの「ラートナー」（→P20）やベトナムの「ブンチャー」（→P22）など、各国の名物料理もぜひお試しくださいね。

　奥深く幅広いアジアの麺料理の中で、私が一番好きなのが実はこのあえ麺で、日々の食卓でも旅先でもよく食べています。特に好きなのが、ゆでたての麺に黒酢と甘みのある醬油、揚げたエシャロットやねぎを、無造作にざざっとかけた台湾のあえ麺です。手軽に作れてお腹にもたまらないので、食事というよりおやつのような感覚で食べられるのもうれしいところ。ここ数年、毎年台湾旅行に出かけていますが、お店によって違う味や麺の種類を楽しみたくて、あっちのお店、こっちのお店と、一日に何杯も食べ歩きしています。

薬味や調味料を加えて、自分好みの味に

　台湾に限らず、ベトナムやタイなど東南アジアにもあえ麺はたくさんありますが、どの国にも

＜中華生麺のゆで方＞

1

2

3

鍋にたっぷりの湯（目安は中華生麺1玉に対して水約1ℓ）を沸かし、沸騰しているところに麺をほぐしながら入れる。

再び煮立ってきたら、菜箸で軽くほぐしながら袋の表示通りの時間ゆで、すぐにざるに上げて水けをきる。

冷たいあえ麺に使うときは、冷水を流しながらぬめりをとってしめ、しっかりと水けをきる。

麺と具材を混ぜるのに便利なトング

湯きり網も、素材や形はいろいろ選ぶのも楽しい！

　共通しているのが、仕上げに薬味的な具材をどさっと加えたり、テーブルに置いてある調味料で、自分好みの味にカスタマイズしながら食べることです。刻んだ香菜やハーブ、ピーナッツなどを散らしたり、レモンやライムを搾ったり、辛味調味料や酢をかけたり、好みやその日の気分によって自由自在！　同じメニューを頼んでも、人によって違う味になったり、食べながらどんどん複雑な味になり、次第においしく変わっていくのが、あえ麺の楽しみです。皆さんも、具材や調味料をお好みでアレンジしてみて、自分だけのあえ麺を堪能してください。

ゆでた麺はしっかりと湯をきるのが大事

　この章では中国と台湾のあえ麺に中華生麺を使っています。主に小麦粉とかん水を原材料とする麺ですが、卵が入っていたり、かん水を使わずに作られるものもあるので、好みで使い分けてみてください。中華乾麺は生麺とは食感や風味が違いますが、日持ちするので常備しておくと便利です。いずれもゆでた麺はしっかり湯をきるのが大事。また、中華生麺は、冷やし中華などの冷たい麺料理に使う場合、ゆでたあとにすぐざるに上げ、冷水を流しながら麺をきゅっとしめるのも、おいしく仕上げるポイントです。

＜中華乾麺のゆで方＞

1

鍋にたっぷりの湯（目安は中華乾麺1玉に対して水約1ℓ）を沸かし、沸騰しているところに麺を入れる。

2

少しおいて麺がほぐれてきたら、菜箸でさらにほぐしながら袋の表示通りの時間ゆでる。

3

ゆで上がったらすぐにざるに上げ、しっかりと水けをきる。

ジャージャー麺
（recipe P12）

よだれ鶏麺
（recipe P12）

ねぎ豚辛あえ麺
(recipe P13)

豚と青じその冷やし中華
(recipe P13)

ジャージャー麺（P10）

コロコロの豚肉とシャキシャキの野菜に甘辛の味がよくからみ、
幅広の中華麺にぴったり。食べごたえも満点です。

材料（2人分）

中華生麺（平打ち）　2玉
豚肩ロースかたまり肉　200g
たけのこ（水煮）　120g
玉ねぎ　1/2個
しょうが（みじん切り）　1かけ分
A ┌ 甜麺醤・紹興酒（または酒）　各大さじ2
　│ しょうゆ　大さじ1
　└ 塩　小さじ1/4
香菜　5本
白いりごま　小さじ2
ごま油　小さじ2

作り方

1. 豚肉、たけのこ、玉ねぎはそれぞれ1cm角に切る（a）。
2. フライパンを中火で熱し、ごま油としょうがを入れ、香りが立ったら1を加え、豚肉が白っぽくなるまで炒める。
3. 合わせたAを加え、汁けがなくなるまで炒める。
4. 中華生麺は袋の表示通りにゆでて湯をきり、器に盛る。3をのせ、ざく切りにした香菜を散らし、白ごまをふる。

Memo 🇨🇳

日本でも人気がある中国の麺料理のひとつ。ひき肉を使ったものも多いですが、ここでは、かたまり肉をさいころ状に切って使います。具がしっかりしているので、幅広の平打ち麺に合わせました。調味料に豆豉を加えれば、さらに本場の味に。

豚肉は1cmのさいころ状に切り、たけのこと玉ねぎも大きさをそろえて切る。

よだれ鶏麺（P10）

ジューシーに蒸し上がった鶏肉は、まさに垂涎！
辛いもの好きならラー油をたっぷりかけても。

材料（2人分）

中華生麺　2玉
鶏もも肉　300g
A ┌ 長ねぎ（青い部分）　2本分
　│ にんにく（薄切り）　1片分
　└ しょうが（薄切り）　1かけ分
B ┌ 紹興酒（または酒）　大さじ3
　│ 塩　小さじ1/4
　└ ごま油　大さじ2
C ┌ しょうゆ　大さじ3
　└ 黒酢　大さじ2
香菜　5本
ラー油　大さじ1

作り方

1. 鶏肉は厚い部分に包丁を入れて厚さを均一にし、オーブンシートを敷いたせいろ（または耐熱皿）に入れる。Aをのせてbをふり、蒸気の上がった蒸し器に入れて強火で約8分蒸す。
2. 1の蒸し汁大さじ2をCに加えて混ぜる。
3. 中華生麺は袋の表示通りにゆでて湯をきり、器に盛る。皮を取り除き（a）、食べやすい大きさに切った1をのせ、ざく切りにした香菜を散らし、2とラー油をかける。

Memo 🇨🇳

「思わずよだれが出てしまうほどおいしい」から、その名前がついたといわれている中国の四川料理。麺とも相性抜群です。鶏もも肉は皮つきのまま、たっぷりの香味野菜と一緒に蒸し、しっとりと仕上げます。たれには香りのよい黒酢をきかせました。

鶏肉はしっとり仕上げるために皮つきのまま蒸し、粗熱がとれたら取り除く。

ねぎ豚辛あえ麺 (P11)

ピリ辛のたれであえたやわらかい豚肉が細い麺によくからみます。
いくらでも食べられそうなシンプルな一品。

材料(2人分)

卵麺　2玉
豚バラしゃぶしゃぶ用肉　12枚
酒　大さじ2
A ┌ 粗びき唐辛子　小さじ1
　│ 黒酢　大さじ1
　│ しょうゆ　大さじ2
　└ ごま油　大さじ1と1/2
わけぎ(小口切り)　5本分

作り方

1. 豚肉は酒を加えた熱湯で色が変わるまでゆで、湯をきる。キッチンペーパーで水けをとってボウルに入れる。
2. 別のボウルにAを合わせ、半量を1に加えてあえる。
3. 卵麺は袋の表示通りにゆでて湯をきり、器に盛る。2をのせてわけぎを散らし、残りのAをかける。

Memo

焼き豚でもいいけれど、ぱぱっと手軽に食べたいときのおすすめは、しゃぶしゃぶ肉を使った簡単レシピ。さっと火を通した豚肉とわけぎ、ピリ辛のたれをよく混ぜ合わせてどうぞ。

豚と青じその冷やし中華 (P11)

ちぎった青じそがさわやかで香りよく、上品な冷やし中華。
夏の麺料理のバリエーションが広がります。

材料(2人分)

中華生麺　2玉
ゆで豚(a)　200g
青じそ　6枚
きゅうり　1本
A ┌ おろししょうが　1かけ分
　│ てん菜糖(または上白糖)　小さじ1/2
　│ 黒酢・しょうゆ　各大さじ2
　└ ごま油　大さじ1
白いりごま　小さじ2
練りがらし　適量

作り方

1. ゆで豚は1cm厚さに切り、きゅうりはせん切りにする。
2. 中華生麺は袋の表示通りにゆでてざるに上げ、冷水でしめて水けをきり、器に盛る。
3. 1と食べやすくちぎった青じそをのせ、合わせたAをかける。白ごまをふり、からしを添える。

ゆで豚の作り方 (作りやすい分量)

豚肩ロースかたまり肉400gは塩小さじ1/2をすり込み、酒1/2カップを加えた熱湯1.5ℓに入れ、アクをとりながらひと煮立ちさせる。弱火にし、ふたをして約1時間ゆでてそのまま冷ます。

作っておくと便利なゆで豚。保存するときは水けをよくきる。

Memo

夏になると無性に食べたくなる冷やし中華。中国にも冷たい麺料理はありますが、私たちもおなじみの、いわゆる「冷やし中華」は日本で生まれたとか。具も味つけもいろいろアレンジできますが、ここではゆで豚と青じそ、きゅうりをのせて、しょうがが入ったたれでさっぱりと。

広東風あんかけ焼きそば

材料(2人分)

- かた焼きそば麺　2玉
- 豚ロース薄切り肉　120g
- 片栗粉　大さじ2
- 芝えび(むき身)　80g
- 長ねぎ　10cm
- 生きくらげ　3枚
- うずら卵(ゆでたもの)　6個
- しょうが(せん切り)　1かけ分
- A ┌ 酒　大さじ2
    └ 水　1と1/2カップ
- B ┌ しょうゆ　大さじ1
    │ 塩　小さじ1/2
    └ ごま油　小さじ2
- ごま油　大さじ1

作り方

1. 豚肉は細切りにし、片栗粉をまぶす。長ねぎは斜め薄切りにする。生きくらげは石づきを落とし、食べやすい大きさに切る。
2. フライパンを中火で熱し、ごま油としょうがを入れ、香りが立ったら1を加え、しんなりするまで炒める。
3. えび、殻をむいたうずら卵、Aを加え、アクをとりながらひと煮立ちさせ、弱火で約6分煮る。Bを加え、とろみがつくまで煮る。
4. 器にかた焼きそば麺を盛り、3をかける。

Memo いろいろな食材を使ってシンプルに味つけするのが広東料理。ここでも豚肉やえび、きのこなど数種の食材のうまみを生かしました。

できたてのパリパリッとした麺も、具がなじんだしっとり麺も両方おいしい!

かに玉あんかけ焼きそば

ブロッコリー入りのかに玉は新鮮な味。
とろりとしたあんにもよく合います。

材料（2人分）

- かた焼きそば麺　2玉
- ずわいがにの身（缶詰）　小2缶
- ブロッコリー　1/4個
- 長ねぎ　10cm
- 卵　4個
- A
  - しょうが（みじん切り）　1かけ分
  - 酒・しょうゆ　各大さじ1
- B
  - しょうゆ・黒酢　各大さじ1
  - 塩　ひとつまみ
  - 片栗粉　小さじ2
  - 水　大さじ3
- ごま油　適量
- 糸唐辛子　適量

作り方

1. ブロッコリーは1.5cm角に切り、長ねぎはみじん切りにする。
2. ボウルに卵を割り入れ、汁けをきったかにの身、缶汁大さじ2、1、Aを加え、溶き混ぜる。
3. フライパンにごま油大さじ1を中火で熱し、2の半量を流し入れ、半熟状になるまで菜箸でかき混ぜる。弱火にし、約5分焼き、裏返して約5分焼く。残りも同様に焼く。
4. 小鍋にBを入れて中火にかけ、とろみをつける。ひと煮立ちしたらごま油小さじ1を加えてなじませる。
5. 器にかた焼きそば麺を盛り、3をのせて4をかけ、糸唐辛子を散らす。

Memo　中華風家庭料理の定番・かに玉あんかけにブロッコリーを加えました。かた焼きそばと合わせて食感も楽しい一品に。

台湾混ぜそば

材料（2人分）

うどん（乾麺） 2束
豚ひき肉 200g
A ┌ にんにく（みじん切り） 1片分
　└ しょうが（みじん切り） 1かけ分
B ┌ 五香粉 小さじ1/2
　└ 酒・しょうゆ・黒酢 各大さじ1
細ねぎ 4本
焼きのり（全型） 1枚
温泉卵（市販） 2個
ごま油 小さじ2

作り方

1. フライパンを中火で熱し、ごま油とAを入れ、香りが立ったらひき肉を加え、肉の色が変わるまで炒める。Bを加え、汁けがなくなるまで炒める。
2. 細ねぎは小口切りにし、焼きのりは食べやすくちぎる。
3. うどんは袋の表示通りにゆでて湯をきり、器に盛る。1、2、温泉卵をのせ、全体を混ぜながら食べる。

Memo 台湾の屋台などにもありそうな汁なしラーメンですが、日本でも大人気。うどんの乾麺で飽きのこないひと皿にしました。

五香粉が香るひき肉に、温泉卵、ねぎにのり。
すべてを麺によくからめていただきます。

ジーロー麺

手軽にできて素朴なこのひと皿は
小腹が空いたときのおやつにもおすすめです。

材料（2人分）
半田麺（または冷や麦）　2束
鶏胸肉　200g
A　┌ 紹興酒（または酒）・ごま油
　　└ 　各大さじ1
B　┌ ナンプラー・黒酢　各大さじ1
長ねぎ（白い部分）　10cm
香菜　4本
白いりごま　少々

作り方

1. 鶏肉は厚い部分に包丁を入れて厚さを均一にし、耐熱皿にのせる。Aをかけ、蒸気の上がった蒸し器に皿ごと入れ、強火で約7分蒸す。粗熱がとれたら皮を取り除き、食べやすい大きさに裂く。
2. 蒸し汁にBを加えて混ぜる。
3. 長ねぎは縦に切り目を入れ、芯を除いてせん切りにし、水にさっとさらして水けをきる。香菜はざく切りにする。
4. 半田麺は袋の表示通りにゆでて湯をきり、器に盛る。1と3をのせ、2をかけ、白ごまをふる。

Memo 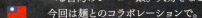 蒸した鶏肉をご飯にのせて、たれをかけて食べる台湾のジーロー飯。大好きなこの料理を今回は麺とのコラボレーションで。

TAIWAN

Memo

豚バラ肉を煮込んでご飯にかけるルーロー飯は、台湾で愛されている定番料理。ここでは麺と合わせ、よくからむように片栗粉でとろみをつけました。半田麺は台湾の食堂や屋台で食べる麺に風味や食感がよく似ています。冷や麦で作ってもOK。

a

豚バラかたまり肉は、まず1cm幅に切り分けてから、1cm角にしていく。

b

水溶き片栗粉は、フライパン全体にまわし入れてとろみをつける。

ルーロー麺

おなじみの料理も、ご飯を麺にかえると新しい味わい。
半熟ゆで卵は欠かせないトッピングです。

材料（2人分）

半田麺（または冷や麦）　3束
豚バラかたまり肉　200g
しょうが（みじん切り）　1かけ分
A ┌ 八角　1個
　│ オイスターソース　大さじ1
　│ 紹興酒（または酒）　1/4カップ
　│ しょうゆ　大さじ1と1/2
　└ 水　80mℓ
チンゲン菜　2株
半熟ゆで卵（殻をむく）　1個
片栗粉　小さじ2
ごま油　小さじ3

作り方

1. 豚肉は1cm角に切る（**a**）。
2. フライパンを中火で熱し、ごま油小さじ1としょうがを入れ、香りが立ったら**1**を加え、肉の色が変わるまで炒める。
3. **A**を加え、アクをとりながらひと煮立ちさせ、弱火にして約12分煮る。水溶き片栗粉（片栗粉を水大さじ1で溶く）でとろみをつけ（**b**）、残りのごま油をまわし入れる。
4. チンゲン菜は熱湯で約30秒ゆでて水けをきり、縦横に半分に切る。ゆで卵は半分に切る。
5. 半田麺は袋の表示通りにゆでて湯をきり、器に盛って**3**と**4**をのせる。

半田麺
徳島県の半田地区で作られる手打ちそうめん。つるつるとしたのどごしとコシの強さが特徴。

ねぎごまあえ麺

おやつ感覚でするするっとイケる超シンプルな一品。
混ぜると練りごまの香りがぷーんと広がります。

材料(2人分)

半田麺(または冷や麦)　3束
細ねぎ　4本
長ねぎ　1/2本

A ┌ 練りごま　大さじ4
　├ 黒酢　大さじ1と1/2
　├ しょうゆ　大さじ2
　└ 塩　ひとつまみ

ラー油　大さじ1

作り方

1. 細ねぎと長ねぎは小口切りにする。長ねぎは水に5分さらし、水けをきる。
2. 半田麺は袋の表示通りにゆでて湯をきり、器に盛る。1をのせ、合わせたAとラー油をかける。

干しえびと豆豉のあえ麺

うまみたっぷりの食材を炒めたトッピングが美味！
全体をよく混ぜると、セロリとレモンでさわやかに。

材料(2人分)

中華生麺　2玉
干しえび　40g
豆豉　大さじ1
長ねぎ　1/3本
セロリ　1/2本
しょうが(みじん切り)　1かけ分

A ┌ 紹興酒(または酒)　大さじ2
　├ 黒酢・しょうゆ　各大さじ1
　└ 塩　小さじ1/4

貝割れ　1パック
レモン(くし形切り)　2切れ
ごま油　大さじ1

作り方

1. 干しえびはかぶるくらいのぬるま湯に約30分つけてもどし、粗く刻む。もどし汁はとっておく。豆豉は粗く刻み、長ねぎはみじん切りにする。
2. セロリの茎は筋をとってせん切りにし、葉は細く刻む。
3. フライパンを中火で熱し、ごま油としょうがを入れ、香りが立ったら1を加え、さっと炒める。
4. Aと1のもどし汁を加え、汁けがなくなるまで炒め煮にする。
5. 中華生麺は袋の表示通りにゆでて湯をきり、器に盛る。2、4、根を落とした貝割れをのせ、半分に切ったレモンを搾る。

THAILAND

Memo 🇹🇭

タイ料理といえば辛いもの、と思いがちですが、このラートナーは、ひと味違うタイ料理を楽しめる、辛くないあんかけ麺。タイのレストランや屋台などでも人気です。ここでは太麺のセンヤイにしましたが、中細麺のセンレック（→P38、51）でもOKです。

a

最初に豚肉に片栗粉をまぶしておくと、仕上げにほどよいとろみがつく。

b

溶き卵は、フライパン全体にまわし入れてからめる。

ラートナー

ご飯のおかずにもなりそうなボリュームのあるあんかけは、ほどよいとろみで太麺にもよくからみます。

材料（2人分）

- センヤイ（10mm幅） 120g
- 豚ロース薄切り肉 120g
- 片栗粉 小さじ2
- 空芯菜 1束
- コブミカンの葉（あれば） 1枚
- A
  - 酒 1/4カップ
  - ナンプラー 大さじ2
  - 水 3/4カップ
- B
  - 溶き卵 2個分
  - おろししょうが 1かけ分
- ごま油 小さじ4

作り方

1. 豚肉は食べやすい大きさに切り、片栗粉をまぶす（a）。
2. 空芯菜はざく切りにする。
3. フライパンにごま油小さじ2を中火で熱し、1とコブミカンの葉を入れ、肉の色が変わるまで炒める。
4. Aを加え、アクをとりながらひと煮立ちさせ、2を加えてしんなりするまで炒め煮する。Bを加えて全体にからめ（b）、とろみがついたら残りのごま油をまわし入れる。
5. センヤイは袋の表示通りにゆでて湯をきり、器に盛って4をかける。

センヤイ

米粉で作られるタイの麺。太いものがセンヤイで、中細のものは「センレック」（→P38）。

トムヤムヘーン

タイ語で「ヘーン」は汁なし麺のこと。トムヤムペーストで炒めたひき肉と麺をあえていただきます。

材料（2人分）

- 中華乾麺　2玉
- 豚ひき肉　200g
- トムヤムペースト（市販）　小さじ2
- A
  - 酒　大さじ2
  - ナンプラー　大さじ1と1/2
- B
  - もやし（ひげ根をとる）　1/2袋
  - バジル　15g
- ごま油　大さじ1
- ピーナッツ（粗く刻む）　大さじ2
- ライム　1/2個

作り方

1. フライパンにごま油を中火で熱し、ひき肉とトムヤムペーストを入れて炒める。肉の色が変わったらAを加え、汁けがなくなるまで炒める。
2. 中華乾麺は袋の表示通りにゆでて湯をきり、器に盛る。1とBをのせ、ピーナッツを散らし、半分に切ったライムを搾る。

※トムヤムペーストを作る場合は、青唐辛子1本、レモングラスの根15cm、にんにく1片、しょうが1かけ、コブミカンの葉1枚をすり鉢に入れ、すりつぶす。

牛肉と香菜の春雨あえ

レモングラスがきいてすっきりとしたあと味。
サラダ感覚で、おかずにもなりそうなタイの春雨料理です。

材料（2人分）

- 緑豆春雨　120g
- 牛もも薄切り　しゃぶしゃぶ用肉　120g
- 酒　大さじ2
- 紫玉ねぎ　1/2個
- A
  - 青唐辛子（縦半分に切る）　1本
  - レモングラス（ひねる）　3〜4本
  - しょうが（みじん切り）　1かけ分
  - レモン汁・ナンプラー　各大さじ2
- 香菜　5本
- ごま油　大さじ2

作り方

1. 紫玉ねぎは縦に薄切りにし、水に3分さらして水けをよくきる。
2. 酒を加えた熱湯に牛肉を1枚ずつ広げて入れる。色が変わったらキッチンペーパーにとり、水けをきる。
3. ボウルに1、2、Aを合わせてあえる。
4. 鍋に湯を沸かし、春雨を入れて約2分ゆで、湯をきる。3に加えてあえ、なじませたら、ざく切りにした香菜とごま油を加えてあえる。

VIETNAM

Memo 🇻🇳

フォーに比べると日本ではあまりなじみがありませんが、ブンもベトナムで定番の米粉の麺です。これはそのブンに、大根とにんじんのなますやハーブ、肉だんごなどをのせるベトナムの麺料理。肉だんごのかわりに揚げ春巻きでもおいしいです。

a 肉だんごは、材料に刻んだミントを加えるとアジアンテイストに。

b たねを丸めたら、少ない油で揚げ焼きに。返しながら焼き色をつけ、火を通す。

ブンチャー

ミント入りの肉だんご、ベトナムのなますに甘酸っぱいヌクチャム。器いっぱいにベトナムらしさが詰まったメニューです。

ブン
ベトナムで親しまれている、米粉を原料とする丸細タイプの麺。春巻きの具などにも。

材料（2人分）

ブン　150g
豚ひき肉　200g
A ┌ 玉ねぎ（みじん切り）1/2個分
　│ ミント（みじん切り）3g
　│ にんにく（みじん切り）1片分
　│ しょうが（みじん切り）1かけ分
　│ 溶き卵　1/2個分
　│ 片栗粉・酒　各大さじ1
　└ 塩　小さじ1/3

大根　10cm
にんじん　1/3本
塩　小さじ1/3
B ┌ 赤唐辛子（種をとって小口切り）1/2本分
　│ てん菜糖（または上白糖）小さじ1
　│ 黒酢　大さじ2
　│ ライム果汁　大さじ1
　└ ナンプラー　大さじ1と1/2
香草（ミント、バジル、せりなど）合わせて50g
オリーブオイル　適量

作り方

1. ボウルにひき肉と**A**を合わせてよく混ぜ（**a**）、直径3〜4cmのだんご状に丸める。
2. フライパンに1cm高さのオリーブオイルを熱し、1を入れ、火が通るまで返しながら約7分揚げ焼きにする（**b**）。
3. 大根とにんじんはせん切りにし、塩をふってもみ、しんなりしたら水分をぎゅっと絞る。ボウルに**B**を合わせ、大さじ2をとって加え、あえる。
4. ブンは袋の表示通りにゆでてざるに上げ、冷水でしめて水けをよくきり、器に盛る。2、3、香草をのせ、残りの**B**をまわしかける。

ミークアン

ベトナム・ダナンの太麺料理。具はいろいろですが、ここでは豚肉にえび、ハーブをたっぷりのせて。

材料（2人分）
センヤイ（10mm幅） 160g
豚バラかたまり肉 120g
にんにく（薄切り） 1片分
えび（ブラックタイガーなど） 4尾
酒 大さじ2
ミント 10g
クレソン 1束
細ねぎ 3本

A ┌ てん菜糖（または上白糖）
　│ 　小さじ1
　│ レモン汁・ナンプラー
　│ 　各大さじ2
　└ 水 80ml

ごま油 大さじ1
ピーナッツ粉 大さじ1

作り方

1. 豚肉は1cm厚さに切る。フライパンにごま油とにんにくを中火で熱し、香りが立ったら豚肉を加え、キッチンペーパーで脂をふきとりながら、カリカリになるまで焼く。
2. えびは背ワタをとり、酒を加えた熱湯で約2分ゆでてそのまま冷まし、水けをきる。
3. センヤイは袋の表示通りにゆでてざるに上げ、冷水でしめて水けをよくきり、器に盛る。
4. 1、2、ミント、ざく切りにしたクレソン、5cm長さに切った細ねぎをのせる。合わせたAをまわしかけ、ピーナッツ粉をふる。

いかとレモングラスのあえ麺

ベトナムで定番のピーナッツソースにレモングラスを加えてさわやかに。全体にからめていただきます。

材料（2人分）
フォー 160g
いか（やりいか） 2はい
酒 大さじ2
レモングラス 2本

A ┌ ピーナッツバター（無糖）
　│ 　大さじ4
　│ レモン汁・ナンプラー
　└ 　各大さじ2

香菜 6本
赤唐辛子（種をとって小口切り）
　1/2本分

作り方

1. いかは内臓、軟骨、皮を取り除き、1cm幅の筒切りにし、酒とレモングラス1本を加えた熱湯で約2分ゆでてそのまま冷まし、水けをきる。
2. 残りのレモングラスはみじん切りにし、Aに加えて混ぜる。
3. フォーは袋の表示通りにゆでてざるに上げ、冷水でしめて水けをよくきり、器に盛る。1、2、ざく切りにした香菜をのせ、赤唐辛子を散らす。

ビビン麺

コチュジャンだれで麺をあえる韓国の汁なし冷麺。
パンチのきいた辛さがトマトの甘みでまろやかに。

材料（2人分）

冷麺　2玉
ゆで豚（→P13）　100g
白菜キムチ　60g
ミディトマト　4個
ブロッコリースプラウト
　（または貝割れ）
　1パック

A ┌ コチュジャン　小さじ1
　│ おろしにんにく
　│ 　1/2片分
　│ おろししょうが
　│ 　1かけ分
　│ 黒酢・しょうゆ・ごま油
　└ 　各大さじ2
白いりごま　小さじ2

作り方

1. ゆで豚は1cm厚さに切り、キムチはざく切りにする。ミディトマトはヘタをとり、2cm角に切る。
2. 冷麺は袋の表示通りにゆでてざるに上げ、冷水でしめて水けをよくきり、ボウルに入れる。合わせたAを加えてあえ、器に盛る。
3. 1と根を落としたスプラウトをのせ、白ごまをふる。

フェとえごまの汁なし麺

刺身を使った韓国の定番「フェ」を麺料理に。
そば粉入りの冷麺を使いましたが、そば粉なしでもOK。

材料（2人分）

冷麺　2玉
白身魚（鯛などの刺身用）
　150g
長ねぎ（白い部分）　8cm
えごまの葉　5枚

A ┌ おろしにんにく　1/2片分
　│ おろししょうが　1かけ分
　│ 黒酢・しょうゆ・ごま油
　└ 　各大さじ2
粗びき唐辛子　適量

作り方

1. 白身魚は7〜8mm厚さに切る。
2. 長ねぎは縦に切り目を入れ、芯を除いてせん切りにし、水にさっとさらして水けをきる。
3. 冷麺は袋の表示通りにゆでてざるに上げ、冷水でしめて水けをよくきり、ボウルに入れる。合わせたAの半量を加えてあえ、器に盛る。
4. 1、食べやすくちぎったえごまの葉、2をのせ、残りのAをまわしかけ、粗びき唐辛子をふる。

アジアの調味料

本書のレシピによく登場するアジア各国の調味料です。
魚醤や紹興酒、黒酢に唐辛子や五香粉など、どれもアジアの麺料理に
欠かせないものばかり。ぜひキッチンにそろえてみてください。

東南アジアの調味料

写真左はベトナムのニョクマム。中央はタイのナンプラー。どちらも魚介を塩漬けして発酵させた、独特の風味を持つ魚醤。右はココナッツミルク。ココヤシの果肉を削り、水を加えて搾ったもので、煮込み料理やお菓子等に使われる。

中国・台湾の調味料

写真左から順に、もち米を原料とする中国の代表的なお酒・紹興酒と、主に炒め物やたれなどに使われるごま油。いずれも料理にコクと香り高い風味を加えてくれる。右の2点は、まろやかな酸味と芳醇な香りを持つ中国の黒酢・香醋。

辛みを加えるもの

写真左上は、辛さの中に甘みもある韓国の唐辛子みそ・コチュジャン。右上は、トマトソースに唐辛子で辛みをつけたチリソース。右下は乾燥させた赤唐辛子。左下は赤唐辛子が熟す前の、フレッシュな辛さのある青唐辛子。

風味やうまみを加えるもの

左上から時計まわりに、シナモンやクローブなどを混合した香辛料・五香粉。ピリピリとした辛みと豊かな風味の花椒。強い塩けと風味のある豆豉。独特のうまみが詰まった干しえび。いずれも主に中国料理で使われる。

25

PART 2
炒め麺
Fried Noodles

台湾のビーフン、中国の焼きそばをはじめ、タイのパッタイ、ベトナムのミーサオなど、各国の味が勢ぞろい。ジャジャッとダイナミックに炒めているときからおいしい香りが広がって、食欲をそそられる炒め麺です。

アジアの麺 ★ エッセイ

炒めたり焼いたりする麺

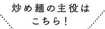
炒め麺の主役はこちら！

旅先では、屋台のはしごで炒め麺を堪能！

　PART2でご紹介するのは、麺と具材を一緒に炒めたり焼いたりする「炒め麺」です。台湾の焼きビーフン各種（→P30〜31）、中国の焼きそば各種（→P32〜33）、タイの「パッタイ」（→P38）、韓国の「チャプチェ」（→P41）など、炒め麺にもまた、各国の個性がよく表れているなと思います。アジアの麺料理は、具材をほとんど加えずに麺だけをちゃちゃっと炒めるものもあれば、反対にたっぷりの野菜と炒め合わせるもの、春雨に具材の味と調味料をしっかりとしみ込ませたおかず風のものなど、あげていけばキリがないほど多様です。

　旅先では、いつも必ず屋台の炒め麺を食べに行きます。特にタイのバンコクでは、炒め麺の屋台がずらりと軒を連ねていて、甘くて酸っぱい香りに食欲をそそられ、あれもこれも食べたいと、連日屋台のはしごをしたほどでした。

麺と具材の組み合わせ次第で新たな味に

　あえ麺ならシンプルな味が好きですが、炒め麺では反対に、具材がたっぷり入ったものが好みです。特に、大好きな野菜や青菜をたくさん使っていたり、厚揚げや干しえびなど、うまみたっぷりの

＜ビーフンの炒め方＞

1

ボウルにビーフンを入れ、かぶるくらいの熱湯を注ぎ、約10分おいてもどす。

2

もどしたビーフンをざるに上げてしっかりと水けをきり、長いものは長さを半分に切る。

3

具材のうまみや調味料をビーフンに吸わせるようにしながら全体を炒め合わせる。

炒めるときの
菜箸だって
アジアンムード

かごにどさっと
薬味を盛ると
雰囲気が出ます

食材を加えたものをよく作ります。炒めることで野菜の甘みや具材のうまみがじんわりと出てきて、麺と炒め合わせると、その甘みやうまみが麺にしみ込んで、ぐんとおいしくなるんです。それから、炒め油には香りのよいものを、いつもより気持ち多めに使うのもポイント。奥深い味に仕上がります。

炒め麺は誰でも作りやすいですし、麺と具材の組み合わせ次第で、どんどんバリエーションが広がる料理です。本書のレシピを参考にあれこれ試して、新しいおいしさを見つけてみてください。

日本でも人気の焼きビーフンと焼きそば

炒め麺の中でも、焼きビーフンと焼きそばは、日本の家庭でも大人気ですね。ビーフンは米粉で作られる麺です。ベトナムのフォーやタイのセンレックなども米粉の麺ですが、日本でビーフンといえば、中国や台湾料理で使う、春雨のような細い麺を指すのが一般的だと思います。焼きビーフンを作るときは、具材のうまみや調味料を、もどしたビーフンによくしみ込ませながら炒めます。焼きそばは、市販の焼きそば麺ならゆでる手間いらず。手軽に楽しめて便利です。麺を軽くほぐしてから焼き、具材と炒め合わせます。

＜焼きそば麺の炒め方＞

1

焼きそば麺は、麺がちぎれないように気をつけながら、炒める前に軽くほぐしておく。

2

フライパンにごま油を中火で熱し、ほぐした焼きそば麺を加え、ほぐしながら焼きつけるように炒める。

3

焼きそば麺をフライパンの端に寄せて具材を加えて炒め、火が通ったら焼きそば麺と炒め合わせる。

野菜たっぷり焼きビーフン
(recipe P34)

辛み焼きビーフン
(recipe P34)

海鮮オイスター
焼きビーフン
（recipe P35）

ひき肉ともやしの焼きビーフン
（recipe P35）

上海焼きそば
(recipe P36)

黄にらとしょうがの
ほたて焼きそば
(recipe P36)

ラージャン麺
(recipe P37)

もやしとザーサイの焼きそば
(recipe P37)

野菜たっぷり焼きビーフン（P30）

シャキシャキのせん切り野菜とビーフンがよくなじんで、
おそうざい感覚で食べられるヘルシーなビーフン。

材料（2人分）

ビーフン　120g
キャベツ　80g
にんじん　1/2本
玉ねぎ　1/2個
小松菜　4株
しょうが（せん切り）　1かけ分
A ┌ 紹興酒（または酒）　1/4カップ
　└ ナンプラー　大さじ2
ごま油　適量
白いりごま　小さじ2

作り方

1. ビーフンはかぶるくらいの熱湯に約10分つけてもどし、水けをよくきり、長いものは長さを半分に切る。

2. キャベツとにんじんはせん切りに、玉ねぎは縦に薄切りにする。

3. 小松菜は食べやすい長さに切る。

4. フライパンを中火で熱し、ごま油大さじ1としょうがを入れ、香りが立ったら2を加え、しんなりするまで炒める。

5. Aを加えてひと煮立ちさせ、1を加えて野菜の汁けを吸わせながら炒める（a）。全体がなじんだら3とごま油小さじ2を加えてさっと炒め合わせ、白ごまをふる。

ビーフンの上に野菜をのせ、野菜の水分で蒸すようにしながら炒める。

Memo 🇹🇼

台湾の食堂や屋台では、麺が短くちぎれている焼きビーフンが多くて、麺料理というよりおかずのような印象。野菜はお好みでアレンジしてOKですが、水分の多いキャベツを使って、野菜の水分で蒸すように炒めると、ビーフンによくなじみます。

. . . .

辛み焼きビーフン（P30）

コチュジャンのコクのある辛みがビーフンによく合って
ビールのおともに、ちびちびつまむのもいい！

材料（2人分）

ビーフン　120g
えび（ブラックタイガーなど）　小20〜24尾
片栗粉　大さじ4
にら　1/2束
もやし（ひげ根をとる）　1/2袋
しょうが（せん切り）　1かけ分
A ┌ コチュジャン　小さじ1
　│ 酒　1/4カップ
　│ しょうゆ　大さじ2
　└ 塩　ひとつまみ
ごま油　大さじ1

作り方

1. ビーフンはかぶるくらいの熱湯に約10分つけてもどし、水けをよくきり、長いものは長さを半分に切る。

2. えびは殻をむいて背に切り目を入れ、背ワタをとる。片栗粉をふってもみ洗いし、キッチンペーパーで水けをふく。

3. にらは4cm長さに切る。

4. フライパンを中火で熱し、ごま油としょうがを入れ、香りが立ったら1を加え、ほぐしながら炒める。

5. 合わせたAを加え、ビーフンに汁けを吸わせながら炒める。2を加え、えびに火が通るまで3〜4分炒め、3ともやしを加えてさっと炒め合わせる。

Memo 🇹🇼

具材も味つけも、アレンジ次第でバリエーションが広がるところが焼きビーフンの魅力のひとつ。これは韓国のコチュジャンを使ったピリ辛の一品です。豆板醤でもいいですが、ちょっと甘みのあるコチュジャンで深みのある味に。

海鮮オイスター焼きビーフン（P31）

魚介のだしとオイスターソースがビーフンにしみて奥深い味わい。
にんにくの芽が、味と食感のアクセントに。

材料（2人分）
ビーフン　120g
あさり（砂抜き済み）　200g
いかの胴（やりいか、するめいかなど）　1ぱい分
にんにくの芽　3本
A ┌ にんにく（せん切り）　1片分
　└ しょうが（せん切り）　1かけ分
B ┌ オイスターソース・酒　各大さじ2
　│ 黒酢　大さじ1
　└ しょうゆ　小さじ1
ごま油　大さじ1
糸唐辛子　適量

作り方
1. ビーフンはかぶるくらいの熱湯に約10分つけてもどし、水けをよくきり、長いものは長さを半分に切る。
2. いかの胴は皮と内臓を取り除いて開き、縦半分に切ってから横1cm幅に切る。
3. にんにくの芽は3cm長さの斜め切りにする。
4. フライパンを中火で熱し、ごま油大さじ1/2とAを入れ、香りが立ったら1を加え、ほぐしながら炒める。
5. 3、合わせたBを加え、ビーフンに汁を吸わせながら炒める。水分量が半分ほどになったら、2とよく洗ったあさりを加えてさっと炒め、弱火にし、ふたをしてあさりの口が開くまで約3分蒸しながら炒める。
6. 再び中火にし、残りのごま油を加える。器に盛り、糸唐辛子を散らす。

Memo
シーフードを使った焼きビーフンは、海鮮料理の多い台湾南部でよく見られます。ここでは、あさりから出るエキスにオイスターソースも加えて、海鮮のうまみたっぷりのレシピでご紹介しました。

ひき肉ともやしの焼きビーフン（P31）

五香粉がふんわり香り、台湾を旅しているような気分に。
最後にさっと合わせる、もやしのシャキシャキ感が決め手です。

材料（2人分）
ビーフン　120g
豚ひき肉　120g
もやし（ひげ根をとる）　1/2袋
赤ピーマン　2個
A ┌ にんにく（みじん切り）　1片分
　└ しょうが（みじん切り）　1かけ分
B ┌ 五香粉　小さじ1/3
　│ 酒　1/4カップ
　└ ナンプラー　大さじ2
ごま油　大さじ1

作り方
1. ビーフンはかぶるくらいの熱湯に約10分つけてもどし、水けをよくきり、長いものは長さを半分に切る。
2. 赤ピーマンは種をとり、縦に細切りにする。
3. フライパンを中火で熱し、ごま油とAを入れ、香りが立ったら2とひき肉を加え、肉の色が変わるまで炒める。
4. 1を加えてほぐし、合わせたBを加え、ビーフンに汁けを吸わせながら炒める。もやしを加え（a）、さっと炒め合わせる。

生のもやしの食感や風味を生かすため、最後に加えて手早く炒め合わせる。

Memo
身近な食材で手早く作れる焼きビーフンです。五香粉はあまりご家庭に常備されていない香辛料かもしれませんが、シンプルな料理を、台湾の味にぐっと近づけてくれる心強い存在。ぜひ一度お試しください。

上海焼きそば (P32)

もっちりした麺にコクのあるオイスターソースがからんで、
もりもり食べたくなる、しっかり味の焼きそばです。

材料(2人分)

半田麺(または冷や麦)　3束
豚ロース薄切り肉　150g
ターツァイ　2株
にんにく(たたいてつぶす)　1片
A［オイスターソース　大さじ2
　　酒　1/4カップ
　　しょうゆ　小さじ2］
ごま油　小さじ4

作り方

1. 豚肉は細切りにする。
2. ターツァイは食べやすい長さに切る。
3. 半田麺は袋の表示通りにゆでてざるに上げ、冷水で洗い、水けをよくきる。
4. フライパンにごま油小さじ2とにんにくを中火で熱し、香りが立ったら1を加え、肉の色が変わるまで炒める。
5. 3とAを加え(a)、汁けがなくなるまで炒め、2を加えて炒め合わせる。全体がなじんだら残りのごま油を加える。

豚肉を炒めたところに、洗ってぬめりをとった麺を加えて炒める。

Memo 🇨🇳

日本でもおなじみの中国・上海のポピュラーな焼きそば。太麺が主流で、本来は甘みのある中国醤油で味つけします。ここではもっちりとした食感の半田麺を使い、オイスターソースとしょうゆでコクと風味を加えて本場の味に近づけました。

黄にらとしょうがのほたて焼きそば (P32)

黄にらの上品な香りとほのかな甘み、食感を楽しめる焼きそば。
ほたてのうまみと引き立て合って、たまらないおいしさです!

材料(2人分)

焼きそば麺　2玉
ほたて(貝柱)　8個
長ねぎ　1/4本
黄にら　10本
しょうが(せん切り)　1かけ分
A［酒・ナンプラー　各大さじ2］
ごま油　大さじ1
粗びき黒こしょう　適量

作り方

1. ほたては4等分に切り、長ねぎは斜め薄切りにする。
2. 黄にらは4cm長さに切る。
3. フライパンを中火で熱し、ごま油としょうがを入れ、香りが立ったら焼きそば麺を加え、ほぐしながら炒める。
4. 全体に油がなじんだら1とAを加え、ほたてに火が通るまで約3分炒め、2を加えてさっと炒め合わせる。器に盛り、黒こしょうをふる。

Memo 🇨🇳

黄にらは中国料理でよく使われる野菜。太陽にあてずに栽培するそうで、普通のにらよりやわらかく甘みもあります。その繊細さを楽しむために、酒とナンプラーでシンプルに仕上げました。ほたてのかわりに豚肉で作っても。

ラージャン麺 (P33)

香り豊かなラー油はほどよい辛さで、お箸がすすむ焼きそば。
長ねぎとエリンギのシャキシャキ感と麺の食感も好相性です。

材料(2人分)

中華生麺　2玉
豚ひき肉　150g
長ねぎ　1/4本
エリンギ　2本
にんにく(せん切り)　1片分
酒　大さじ2
A ┌ ラー油　小さじ2
　├ しょうゆ　大さじ2
　└ 塩　小さじ1/4
ごま油　大さじ1

作り方

1. 長ねぎは斜め薄切りにする。エリンギは長さを半分にし、縦に5mm厚さに切る。

2. フライパンにごま油とにんにくを中火で熱し、香りが立ったらひき肉を加え、肉の色が変わるまで炒める。1と酒を加え、野菜がしんなりするまで炒める。

3. 中華生麺は袋の表示通りにゆでて湯をきり、2に加え、ほぐしながら炒める。Aを加え、全体になじむまで炒める。

Memo 🇨🇳

ラージャン麺といえば、ピリッと辛いスープ麺が多いですが、ここでは、以前中国料理屋さんで食べた味をヒントに、炒め麺のレシピでご紹介しました。ラー油の量は辛さのお好みで調節してください。

もやしとザーサイの焼きそば (P33)

もやしに加え、ザーサイと豆苗の個性的な味が相まって、
シンプルだけど深い味。焼きそば麺で手軽に作れるのもうれしい。

材料(2人分)

焼きそば麺　2玉
もやし(ひげ根をとる)　1/2袋
ザーサイ(塩漬け)　30g
長ねぎ　1/4本
豆苗　1/2袋
しょうが(せん切り)　1かけ分
A ┌ 紹興酒(または酒)　大さじ2
　└ 塩　小さじ1/2
ごま油　大さじ1
白いりごま　小さじ2

作り方

1. ザーサイは薄切りにし、水に約8分つけて塩抜きし、さらに細切りにする。長ねぎは斜め薄切りにする。

2. 豆苗は根を落とし、長さを半分に切る。

3. フライパンを中火で熱し、ごま油としょうがを入れ、香りが立ったら焼きそば麺を加え、ほぐしながら炒める。ほぐれたら麺を端に寄せ、1を加えて炒め、麺を炒め合わせる。

4. 全体に油がなじんだらAを加え、2ともやしを加えてさっと炒め合わせる。器に盛り、白ごまをふる。

Memo 🇨🇳

ザーサイは中国のポピュラーな漬け物。また、豆苗は最近日本でもたくさん出まわっていますが、もともとは中国で食べられるようになったそう。定番の中華食材で楽しめる焼きそばは、最後に紹興酒の風味で全体をまとめます。

THAILAND

Memo 🇹🇭

タイの屋台などによくある米粉麺の焼きそば。日本のタイ料理屋さんでも人気がありますね。タイ料理ですが辛くなく、えびやもやし、卵などいろいろな具が入りますが、味が出る厚揚げと、食感のアクセントになるたくあんがポイントです。

a

干しえびやたくあん、厚揚げなど、うまみのある材料は欠かせない。

b

具材と調味料を炒めたところに、ゆでたセンレックの湯をしっかりきって加える。

センレック
米粉で作られるタイの中細麺。幅のバリエーションがあり、ここでは2mm幅を使用。

パッタイ

うまみのある食材がひと皿に集まって、文句なしのおいしさです！
センレックのつるんとした食感も魅力のひとつ。

材料（2人分）

- センレック（2〜4mm幅）　150g
- えび（ブラックタイガーなど）　8〜10尾
- 片栗粉　大さじ2
- 干しえび　20g
- 厚揚げ　1/2枚
- たくあん　50g
- にら　1/2束
- もやし（ひげ根をとる）　1/2袋
- 溶き卵　2個分
- A ┌ 酒・ナンプラー　各大さじ2
- ごま油　大さじ1

作り方

1. 干しえびはぬるま湯大さじ4に約20分つけてもどし、粗く刻む。もどし汁はとっておく。
2. えびは尾を残して殻をむき、背ワタをとる。片栗粉をふってもみ洗いし、キッチンペーパーで水けをふく。
3. 厚揚げは1.5cm角に切り、たくあんは粗みじん切りにする。にらは3cm長さに切る（a）。
4. フライパンにごま油大さじ1/2を中火で熱し、溶き卵を流し入れてかき混ぜながら熱し、半熟状になったら取り出す。
5. センレックは袋の表示通りにゆでて湯をきる。
6. 4のフライパンに残りのごま油、1ともどし汁、3の厚揚げとたくあん、2、Aを入れてさっと炒める。
7. 5を加えて（b）ほぐし、ふたをして約3分蒸し炒めをし、もやし、3のにら、4を加え、さっと炒め合わせる。

空芯菜とナンプラーの焼きそば

酒とナンプラーでささっと炒めるシンプルな味。
唐辛子で辛みを、ライムで香りと酸味を加えて。

材料（2人分）

センレック
　（2〜4mm幅）　150g
豚もも薄切り肉　150g
空芯菜　8本
A ┌ にんにく（みじん切り）
　│　　1片分
　│ しょうが（みじん切り）
　└　　1かけ分
赤唐辛子（種をとって小口切り）
　1/2本分
B ┌ 酒・ナンプラー
　└　各大さじ2
ライム（くし形切り）　2切れ
ごま油　大さじ1

作り方

1. 豚肉は1cm幅に切る。
2. 空芯菜は食べやすい長さに切る。
3. センレックは袋の表示通りにゆでて湯をきる。
4. フライパンを中火で熱し、ごま油とAを入れ、香りが立ったら1を加え、肉の色が変わるまで炒める。
5. 3と赤唐辛子を加えてほぐし、Bを加え、汁けがなくなるまで炒める。2を加えてさっと炒め合わせ、器に盛り、半分に切ったライムを搾る。

ほたてと卵の春雨炒め

目玉焼きの黄身を全体にからめて召し上がれ！
絶妙なアクセントになるピーナッツも忘れずに。

材料（2人分）

緑豆春雨　120g
ほたて（ボイル）　12〜14個
香菜　7本
にんにく（たたいてつぶす）　1片
卵　2個
A ┌ 酒・ナンプラー　各大さじ2
ごま油　大さじ1
ピーナッツ（粗く刻む）
　大さじ2
粗びき黒こしょう　適量

作り方

1. 鍋に湯を沸かし、春雨を入れて約1分30秒ゆで、湯をきる。
2. 香菜はざく切りにする。
3. フライパンにごま油を中火で熱し、卵を割り入れて半熟の目玉焼きを作り、取り出す。
4. 3のフライパンににんにくを入れて中火で熱し、香りが立ったら1とほたてを加え、ほぐしながら炒める。
5. Aを加え、汁けがなくなるまで炒める。2を加えてさっと炒め合わせ、器に盛る。3をのせ、ピーナッツを散らして黒こしょうをふる。

牛肉とバジルのブン

米粉の細麺ブンと、味のある牛肉が好相性。
バジルも合わせてベトナムらしさ満点です。

材料（2人分）
ブン　120g
牛切り落とし肉　150g
紫玉ねぎ　1/2個
バジル　20g
にんにく（たたいてつぶす）　1片
A［ 酒・ニョクマム　各大さじ2
レモン　1/2個
ごま油　大さじ1

作り方
1. 紫玉ねぎは縦に薄切りにする。
2. フライパンにごま油とにんにくを中火で熱し、香りが立ったら牛肉と1を加え、肉の色が変わるまで炒める。
3. ブンは袋の表示通りにゆでて湯をきる。
4. 2にAを加えて全体にからめ、3を加えてほぐしながら炒める。器に盛ってバジルをのせ、レモンを搾る。

ミーサオ

「ミー」は小麦粉の麺、「サオ」は炒めるの意味。
米麺の多いベトナムではめずらしい焼きそばです。

材料（2人分）
中華生麺　2玉
牛切り落とし肉　120g
玉ねぎ　1/2個
にんじん　1/2本
香菜　6本
にんにく（せん切り）　1片分
A［ オイスターソース・紹興酒（または酒）　各大さじ2
　　ナンプラー　小さじ1
ごま油　大さじ1

作り方
1. 玉ねぎは縦に薄切りに、にんじんは短冊切りにする。
2. 香菜はざく切りにする。
3. フライパンにごま油大さじ1/2とにんにくを中火で熱し、香りが立ったら牛肉と1を加え、肉の色が変わるまで炒め、Aを加えて全体にからめる。
4. 中華生麺は袋の表示通りにゆでて湯をきる。3に加え、ほぐしながら炒め、残りのごま油と2を加え、さっと炒め合わせる。

チャプチェ

日本でも大人気の韓国のひと皿。味がしみた
春雨はもっちりとした食感で、あと引くおいしさ。

材料（2人分）

韓国春雨　150g
牛カルビ肉　150g
にんじん　1/2本
細ねぎ　4本
A ┌ おろしにんにく　1片分
　│ おろししょうが　1かけ分
　│ 酒　大さじ2
　│ みりん　大さじ1
　└ しょうゆ　大さじ1と1/2
ごま油　大さじ1
白いりごま　小さじ2

作り方

1. 牛肉とにんじんは7〜8mm幅の細切りにする。
2. 細ねぎは5cm長さに切る。
3. 韓国春雨は袋の表示通りにゆでて湯をきる。
4. フライパンにごま油を中火で熱し、1を入れて肉の色が変わるまで炒め、Aを加えてひと煮立ちさせる。
5. 3を加え、汁けを吸わせるように炒め、2を加えてさっと炒め合わせる。器に盛り、白ごまをふる。

キムチと煮干しの炒め麺

韓国料理ではだし汁などにも煮干しをよく使います。
これはちょっとジャンクで、また食べたくなる味。

材料（2人分）

中華乾麺　2玉
白菜キムチ　80g
煮干し　8本
長ねぎ　1/3本
A ┌ 酒　大さじ2
　└ しょうゆ　大さじ1
ごま油　大さじ1
粗びき唐辛子　適量

作り方

1. キムチは粗く刻み、長ねぎは4cm長さに切ってから縦半分に切る。
2. 煮干しは頭と腹ワタを取り除き、縦半分に割る。フライパンを中火で熱し、煮干しを入れて1〜2分から炒りする。
3. 中華乾麺は袋の表示通りにゆでて湯をきる。
4. 2にごま油と1を加え、しんなりするまで炒めたら、3とAを加えて炒め合わせる。器に盛り、粗びき唐辛子をふる。

えび卵麺

本場ではえびの卵がのっていますが、ここでは刻んだえびを炒めて、えびの卵入りの麺と合わせました。

材料（2人分）

えび卵麺　2玉	A ┌ 紹興酒（または酒）
むきえび　200g	│ 　　大さじ2
片栗粉　大さじ2	│ 黒酢・しょうゆ
細ねぎ　4本	│ 　　各大さじ1
もやし（ひげ根をとる）　1/2袋	└ ごま油　大さじ1
しょうが（せん切り）　1かけ分	

作り方

1. えびは片栗粉をまぶしてもみ洗いし、キッチンペーパーで水けをふき、粗く刻む。
2. 細ねぎは2cm長さの斜め切りにする。
3. フライパンを中火で熱し、ごま油大さじ1/2としょうがを入れ、香りが立ったら1を加え、えびの色が変わるまで炒める。
4. えび卵麺は袋の表示通りにゆでて湯をきり、3に加え、Aも加えてほぐしながら炒める。
5. もやしと2を加えて炒め合わせ、残りのごま油をまわし入れる。

たけのこと豚肉の黒酢炒め麺

オイスターソースのコクに黒酢の芳醇な香りも加わって、中国料理ならではの王道の味です。

材料（2人分）

中華生麺　2玉	A ┌ オイスターソース・
豚ロース薄切り肉　150g	│ 　紹興酒（または酒）
たけのこ（水煮）　120g	│ 　　各大さじ2
にんにくの芽　4本	│ 黒酢　大さじ1
しょうが（せん切り）　1かけ分	└ 塩　ひとつまみ
豆板醤　小さじ2/3	ごま油　大さじ1

作り方

1. 豚肉は食べやすい大きさに切る。
2. たけのこは3mm厚さの薄切りに、にんにくの芽は2cm長さの斜め切りにする。
3. フライパンを中火で熱し、ごま油大さじ1/2、しょうが、豆板醤を入れて炒め、香りが立ったら1を加え、肉の色が変わるまで炒める。
4. 中華生麺は袋の表示通りにゆでて湯をきる。
5. 3に2を加えて炒め合わせ、Aを加えてひと煮立ちさせる。4を加えてほぐしながら炒め合わせ、残りのごま油を加える。

麺に合う薬味と辛味

香菜やハーブ、唐辛子など、アジア料理ならではの野菜や調味料。
いろいろのせて、自分好みの味に仕上げるのがアジアンスタイルです。
煮卵や焼き豚も麺に合う人気のトッピング。作っておくと重宝します。

のせる野菜
バジルやミントなどのハーブ、生のもやしやえごまの葉などをのせると、アジアンテイストがアップ。

刻む野菜
アジア料理に必須の香菜、せりや青ねぎなど香味野菜や青唐辛子は、刻んで香りを立たせる。

レモン&ライム
清涼感を加えたいときに。レモンは強めの酸味、ライムはやわらかな酸味と独特の香りもある。

唐辛子
乾燥させた唐辛子を粗く挽いたものと細く切ったもの。上品な辛さとアクセントをもたらす。

ピーナッツ
主にタイやベトナム料理にひと味加えたいときに。左は粗く砕いたもの、右はピーナッツ粉。

チリソース
トマトソースに唐辛子の辛みを加えた、甘みもあるソース。あえ麺、炒め麺、汁麺に広く使える。

コチュジャン
甘辛くてコクもある韓国の唐辛子みそ。冷麺など主に韓国の麺料理に辛みを加えるのに。

ラー油
唐辛子や香辛料を油で熱した調味料。主に中国や台湾の味に香り豊かな辛みを加えるのに。

黒酢
まろやかな酸味に加え、料理に深いコクや風味が加わる。あえ麺、炒め麺、汁麺に広く使える。

煮卵 材料と作り方(作りやすい分量)

1. 鍋に湯を沸かし、卵6個を入れて約7分ゆで、ゆで卵を作り殻をむく。
2. 小鍋に水1/2カップ、しょうゆ・みりん各1/4カップ、黒酢大さじ1を入れてひと煮立ちさせて火を止め、熱いうちに1を加えて2時間以上漬ける。

焼き豚 材料と作り方(作りやすい分量)

1. ボウルに八角1個、長ねぎ(青い部分)2本分、にんにく(薄切り)1片分、しょうが(薄切り)1かけ分、しょうゆ・みりん各1/4カップ、酒大さじ2を入れ、豚肩ロースかたまり肉400gを1〜3日漬ける。漬け汁はとっておく。
2. オーブンで使用できるフライパン(または鍋)にごま油小さじ2を中火で熱し、汁けをきった1を入れて、表面に焼き色をつける。
3. 漬け汁を加えてひと煮立ちさせ、150℃に予熱したオーブンで約1時間焼く(途中で一度上下を返す)。

日本の麺

刺激的なアジアの麺もいいけれど、やっぱり恋しくなる日本の麺。
だし汁やしょうゆの香りでほっとする12品をお楽しみください。

1 汁麺

えびあられの冷そば

揚げたてがおいしい上品なえび天そば。
スプラウトのかわりに貝割れでも。

材料と作り方（2人分）

1. 小鍋にかつお昆布だし（→P50）1と1/2カップ、酒大さじ1、しょうゆ大さじ2、塩ひとつまみを入れて中火にかけ、ひと煮立ちさせる。粗熱がとれたら冷蔵庫で冷やす。
2. むきえび200gは片栗粉大さじ2をふってもみ洗いする。キッチンペーパーで水けをふき、薄力粉大さじ2をまぶす。
3. ボウルに薄力粉大さじ2を入れて冷水3/4カップを注ぎ、さっと混ぜて2を加え、ひと混ぜする。
4. 170℃に熱した揚げ油適量に3を入れ、色づくまで約2分揚げる。
5. 生そば2玉は袋の表示通りにゆでてざるに上げ、冷水でしめて水けをきる。器に盛り、1をかけ、4と根を落としたブロッコリースプラウト1パックをのせる。

オクラと長いものすだち冷そば

すだちの香りと清涼感で、暑い季節も
するするっといただける一品です。

材料と作り方（2人分）

1. 小鍋にかつお昆布だし（→P50）1と1/2カップ、酒大さじ1、しょうゆ大さじ2、塩ひとつまみを入れて中火にかけ、ひと煮立ちさせる。粗熱がとれたら冷蔵庫で冷やす。
2. 長いも200gはせん切り、すだち2個は輪切りにする。
3. オクラ4本はガクを落とし、塩適量をまぶし、板ずりして洗う。小鍋に湯を沸かし、オクラを約30秒ゆでる。冷水にさらして水けをきり、縦半分に切る。
4. 生そば2玉は袋の表示通りにゆでてざるに上げ、冷水でしめて水けをきる。器に盛り、1をかけ、2と3をのせる。

かまぼこと卵のかやくそば

なつかしくてほっとする温そば。
かまぼこは薄く切るとつゆによくなじみます。

材料と作り方（2人分）

1. かまぼこ1/2本は薄切りに、みつば5本はざく切りにする。
2. 鍋にかつお昆布だし（→P50）2カップ、酒・みりん各大さじ1、塩ひとつまみ、1のかまぼこを入れて中火にかけ、ひと煮立ちさせてしょうゆ大さじ2を加える。
3. 溶き卵2個分をまわし入れ、煮立つ直前で火を止める。
4. 生そば2玉は袋の表示通りにゆでてざるに上げ、冷水でしめる。再び熱湯にくぐらせて温め、湯をきって器に盛る。3を注ぎ、1のみつばをのせる。

鶏南蛮そば

鶏肉の皮は、取り除くとすっきり味に。
残したままならコクのある味わいに。

材料と作り方（2人分）

1. 鶏もも肉200gは好みで皮を取り除き、食べやすい大きさに切る。長ねぎ1/3本は5cm長さに切り、縦半分に切る。
2. 鍋にかつお昆布だし（→P50）2カップ、酒・みりん各大さじ1、塩ひとつまみを入れて中火にかけ、ひと煮立ちさせて1を加える。
3. 再び煮立ったらアクをとり、弱火にし、しょうゆ大さじ2を加え、約7分煮る。
4. 生そば2玉は袋の表示通りにゆでてざるに上げ、冷水でしめる。再び熱湯にくぐらせて温め、湯をきって器に盛る。3を注ぎ、七味唐辛子適量をふる。

なすの揚げおろしそうめん

つゆのしみた揚げなすと大根おろしに
そうめんをよくからめていただきます。

材料と作り方（2人分）

1. 小鍋にかつお昆布だし（→P50）1と1/2カップ、酒大さじ2、しょうゆ大さじ1と1/2、塩小さじ1/4を入れて中火にかけ、ひと煮立ちさせる。粗熱がとれたら冷蔵庫で冷やす。
2. なす3本は乱切りにし、水にさっとさらしてキッチンペーパーで水けをふく。170℃に熱した揚げ油適量に入れ、色づくまで約5分揚げる。
3. 器に1を注ぎ、2と大根おろし10cm分を等分して加える。
4. そうめん3束は袋の表示通りにゆでてざるに上げ、冷水でしめて水けをきる。氷水を張った器に盛り、3につけて食べる。

2 つけ麺

くるみだれそうめん

香ばしいくるみの風味とそうめんが好相性。
つゆに加えるわさびで大人の味に。

材料と作り方（2人分）

1. 小鍋にかつお昆布だし（→P50）1と1/2カップ、酒大さじ2、しょうゆ大さじ1と1/2、塩小さじ1/4、練りわさび小さじ1/2を入れて中火にかけ、ひと煮立ちさせる。粗熱がとれたら冷蔵庫で冷やす。
2. くるみ15粒はすり鉢ですり、1を少しずつ加えてのばす。器に注ぎ、刻んだくるみ適量をのせる。
3. そうめん3束は袋の表示通りにゆでてざるに上げ、冷水でしめて水けをきる。氷水を張った器に盛り、2につけて食べる。

あおさと梅の温つけ麺

梅の酸味がじんわりしみるやさしい味。
あおさはみそ汁の具にもなる便利食材です。

材料と作り方（2人分）

1. 鍋にかつお昆布だし（→P50）2と1/4カップ、みりん大さじ1、塩小さじ1/4、梅干し2個を入れて中火にかけ、煮立ったら弱火にし、あおさ（乾燥）5gを加える。
2. ひと煮立ちさせ、しょうゆ大さじ1を加え、器に盛り、白いりごま小さじ2を等分して散らす。
3. そうめん3束は袋の表示通りにゆでてざるに上げ、冷水でしめて水けをきる。器に盛り、2につけて食べる。

豚と豆乳の温つけ麺

豆乳しゃぶしゃぶのそうめん版。
豆乳は煮立たせないのがポイントです。

材料と作り方（2人分）

1. 鍋にかつお昆布だし（→P50）3/4カップ、酒大さじ2、しょうゆ大さじ1、おろししょうが1かけ分を入れて中火にかけ、ひと煮立ちさせる。
2. 豚ロースしゃぶしゃぶ用肉8枚を1枚ずつ広げて加え、アクをとりながら火を通す。
3. 豆乳1と1/2カップ、塩小さじ1/2、根を落とした豆苗1/2袋を加え、煮立つ直前で火を止め、器に盛る。
4. そうめん3束は袋の表示通りにゆでてざるに上げ、冷水でしめて水けをきる。器に盛り、3につけて食べる。

3 のっけ麺

トマトと青じそのサラダうどん

つゆに加える黒酢のおかげで、
さっぱりながら風味豊かなひと皿に。

材料と作り方（2人分）

1. 鍋にかつお昆布だし（→P50）1と1/2カップ、酒大さじ2、しょうゆ大さじ1と1/2、黒酢大さじ2、塩小さじ1/4を入れて中火にかけ、ひと煮立ちさせる。粗熱がとれたら冷蔵庫で冷やす。
2. ミディトマト4個は6等分のくし形切りに、パプリカ（黄）1/4個は薄切りにする。青じそ4枚は食べやすくちぎる。
3. 冷凍うどん2玉は袋の表示通りにゆでてざるに上げ、冷水でしめて水けをきり、器に盛る。
4. 1に2とごま油大さじ1を加えてさっとあえ、3にかける。

冷やしカレーうどん

淡泊な鶏肉なら冷やしても脂が固まらず、
すっきりと仕上がります。

材料と作り方（2人分）

1. 長ねぎ10cmは斜め薄切りにし、生しいたけ2個は石づきを落として4つ割りにする。
2. 鍋を中火で熱し、ごま油小さじ2、しょうがのみじん切り1かけ分を入れ、香りが立ったら鶏ひき肉150g、カレー粉小さじ1を加え、肉の色が変わるまで炒める。
3. 1を加えてさっと炒め、かつお昆布だし（→P50）2カップ、酒大さじ2を加え、アクをとりながらひと煮立ちさせる。
4. カレールー（フレーク）大さじ2、しょうゆ大さじ1を加え、ひと煮立ちしたら火を止める。粗熱がとれたら冷蔵庫で冷やす。
5. 冷凍うどん2玉は袋の表示通りにゆでてざるに上げ、冷水でしめて水けをきる。器に盛り、4をかけ、みょうがのせん切り1個分をのせる。

肉ぶっかけうどん

作り方も簡単で大人も子どもも好きな味。
お休みの日のお昼ごはんに。

材料と作り方（2人分）

1. 鍋にかつお昆布だし（→P50）2カップ、みりん大さじ1、しょうゆ大さじ2を入れて中火にかけ、ひと煮立ちさせる。
2. 牛ももしゃぶしゃぶ用肉150gを1枚ずつ広げて加え、さっと火を通す。
3. 冷凍うどん2玉は袋の表示通りにゆでて湯をきり、器に盛る。2を注ぎ、九条ねぎの小口切り4本分を散らし、卵黄2個分をそれぞれにのせる。

ゆばしらすとろみうどん

食欲のないときも体にやさしい一品。
干しゆばは常備しておくと重宝します。

材料と作り方（2人分）

1. 干しゆば10gはぬるま湯に約5分さらしてもどし、食べやすい大きさに切る。
2. 鍋にかつお昆布だし（→P50）2カップ、酒・しょうゆ各大さじ1、しらす干し30g、1を入れて中火にかけ、アクをとりながらひと煮立ちさせ、弱火にし、約5分煮る。
3. 片栗粉小さじ2を水大さじ1で溶き、2に加えてとろみをつける。
4. 冷凍うどん2玉は袋の表示通りにゆでて湯をきり、器に盛る。3を注ぎ、青じそのせん切り4枚分をのせる。

日本の麺のゆで方

生そば、そうめん、冷凍うどんの1人分のゆで方でご紹介します。
ちょっとしたコツがわかると、麺料理がぐっとおいしくなります。

＜生そばのゆで方＞

1 鍋にたっぷりの湯（目安は生そば1玉に対して水約1ℓ）を沸かし、沸騰しているところにほぐしながら生そばを入れる。

2 再びグラグラと煮立ってきたら、約1/2カップの水を加える（差し水）。

3 菜箸で軽くほぐしながら、袋の表示通りの時間ゆでる。途中でふきこぼれないように火加減を調節する。

4 ゆで上がったらすぐにざるに上げ、冷水を流しながらぬめりをとってしめ、しっかりと水けをきる。

5 冷たいそばなら4のまま使い、温かいそばの場合は、新しく沸かした湯にそばをくぐらせて温める。

＜そうめんのゆで方＞

1 鍋にたっぷりの湯（目安はそうめん100gに対して約1ℓ）を沸かし、沸騰しているところにパラパラとそうめんを入れる。

2 菜箸で軽くほぐしながら、袋の表示通りの時間ゆでる（一般的な目安は1分30秒〜2分）。途中でふきこぼれないように火加減を調節する。

3 ゆで上がったらすぐにざるに上げ、冷水を流しながらぬめりをとってしめる。

4 しっかりと水けをきる。

＜冷凍うどんのゆで方＞

1 鍋にたっぷりの湯（目安は冷凍うどん1玉に対して水約1ℓ）を沸かし、沸騰しているところに凍ったままのうどんを入れる。

2 再び煮立ってきたら、菜箸で軽くほぐしながら、袋の表示通りの時間ゆでる（一般的な目安は2〜3分）。

3 ゆで上がったらすぐにざるに上げる。温かいうどんの場合はこのまま使う。

4 冷たいうどんの場合は、3のあと冷水を流しながらうどんを洗ってしめ、しっかりと水けをきる。

＜かつお昆布だしのとり方＞（約5カップ分）

1. 鍋に5cm角のだし昆布1枚と水5カップを入れ、20〜30分（時間があればひと晩）おく。弱めの中火にかけ、沸騰直前にだし昆布を取り出す。
2. 1に水少々を差し、湯の温度を80℃くらいにする。削り節20gを加え、アクをとりながら弱火で約2分煮たら火を止め、削り節が鍋底に沈むまで3〜5分そのままおく。
3. キッチンペーパーを敷いたざるをひとまわり大きなボウルにのせ、2を濾し入れる。

日本で買えるアジアの麺

本書では、種類豊富なアジアの麺をいろいろ使用しています。中華麺やビーフン、フォーなど主なものはエッセイやレシピページでご紹介していますが、ここではそれ以外の麺を集めました。

センレック（4mm幅）
米粉で作られるタイの中細麺。本書では少し細めの2mm幅のもの（→P38）も使いましたが、どちらか好みで選んでOK。タイの米粉麺には、太麺のセンヤイ（→P20）や、細麺のセンミーもある。

中華生麺（平打ち）
中華生麺は、主に小麦粉とかん水で作られる。卵が入っていたり、かん水を使わないものもあり、細麺や太麺、ちぢれ麺など形状もいろいろ。これは平打ち麺で、「ジャージャー麺」（→P10）に使用。

卵麺
主に小麦粉と卵で作られる中華麺。本書では「全蛋麺」という香港製の細い乾麺を「ねぎ豚辛あえ麺」（→P11）などで使用。なめらかでつるつると食べやすいこの麺は、通信販売で購入可能。

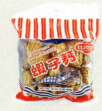

えび卵麺
えびの卵が練り込まれている中華麺。本書では「蝦子麺」という香港製の細い乾麺を「えび卵麺」（→P42）などで使用。普通の中華麺より風味のあるこの麺も、卵麺と同じく通信販売で購入できる。

冷麺
「ビビン麺」（→P24）などで使用した韓国のコシの強い麺。主に小麦粉とでんぷんで作られる白い麺と、そば粉を使う黒っぽい麺がある。本書では2種類の麺を使ったが、好みで選んでOK。

韓国春雨
さつまいものでんぷんで作られる韓国の春雨。緑豆春雨（→P55）より太めで、もちっとした弾力のある食感で食べごたえもある。本書では日本でも人気の韓国料理「チャプチェ」（→P41）で使用。

かた焼きそば麺
中華麺を油で揚げたもの。本書では「広東風あんかけ焼きそば」（→P14）と「かに玉あんかけ焼きそば」（→P15）で使用。自宅で麺を揚げるのは大変なので、市販品を活用して手軽に楽しんで。

うどん（乾麺）
本書ではアジアの麺の代用で、半田麺（→P18）やそうめん（→P70）など日本の麺も使っているが、うどんの乾麺もそのひとつ。今回は「台湾混ぜそば」（→P16）と「カルグクス」（→P75）で使用。

PART 3

汁麵

Soup Noodles

日本でも大人気、ベトナムのフォーにはじまって
タイのラーメン、台湾の担仔麺、韓国の冷麺に
もちろん中国の担々麺も！ 充実のラインナップで
季節を問わず楽しめる、アジアの汁麺をご紹介します。

アジアの麺 ★ エッセイ

日本人に なじみ深い 汁麺

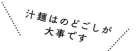
汁麺はのどごしが大事です

誰でも安心して食べられるアジアの汁麺

　さっぱりとしたアジアの汁麺は、誰もが食べやすく、ほっとするようなやさしい味が多くて、子どもや高齢の親と一緒にアジアの国を訪れるときも、安心できる麺料理です。日本でも日常的に、かけうどんやかけそば、しょうゆ味のラーメンなどをよく食べるので、この章でご紹介する「汁麺」は、多様なアジアの麺料理の中でも、私たちに一番なじみ深いかもしれません。

　ここでもそんな魅力あるレシピをたくさん紹介しています。特にベトナムのフォー各種（→P56～57）や、タイの「カオソーイ」（→P60）、台湾の「担仔麺」（→P67）などは、塩分控えめでさらりとしていて、さらにフォーとカオソーイは米粉の麺なので、のどごしも良好。スープも、肉や魚、野菜、にんにくやしょうがなど、素材から出るだしを生かしたものが多いので、とても軽やかで体にやさしく、麺ともよく合います。

調味料を足して新しい味を楽しむのが醍醐味

　あえ麺と同じように、汁麺も食べるときに味を足していく楽しみがあります。日本でも、そばやうどんを食べるとき、好みで七味唐辛子や山椒をふったりしますね。特にさっぱりとしたシン

＜フォーのゆで方＞

1

鍋にたっぷりの湯（目安はフォー80gに対して水約1ℓ）を沸かし、沸騰しているところにフォーを入れる。

2

少しおいて麺がほぐれてきたら、菜箸でさらにほぐしながら袋の表示通りの時間ゆでる（一般的な目安は4～5分）。

3

ゆで上がったらすぐにざるに上げ、しっかりと水けをきる。

調味料や薬味用の小皿もアジアンで気分が上がります

いろいろと集めたくなるかわいいレンゲ

プルな汁麺には、チリソースや唐辛子などで辛みを加えたり、ライムやレモン果汁でさわやかさを加えたり、ナンプラーやニョクマムなどの魚醤や、砂糖などをあれこれ足して、新しい味を楽しみながら食べるのがアジアの汁麺の醍醐味です。

　また、アジア各国を旅すると、地元の人たちが朝ごはんに汁麺をすすっている光景もよく見かけます。私たちも朝ごはんにおみそ汁をいただくと元気が出ますが、アジアの人たちにとって汁麺は、ソウルフードのようなものなのかもしれません。

するするっと食べやすい米粉のフォーや春雨

　フォーは、米粉で作られるベトナムの麺。のどごしがよくて人気があり、本書でも汁麺のほか、あえ麺にも使っています。日本でもすっかりおなじみになり、入手しやすくなりましたね。また、緑豆春雨を汁麺に使うメニューもあって、今回もベトナムの「ミエンガー」（→P65）をご紹介しています。小麦粉や米粉の麺より軽くて食べやすいので、ちょっと食欲のないときや、小腹が空いたときにもおすすめです。フォーも春雨も他の麺と同じく鍋にたっぷりの湯でゆでて、ゆでたあとはしっかりと湯をきってくださいね。

＜緑豆春雨のゆで方＞

1

鍋にたっぷりの湯（目安は春雨60gに対して水約3カップ）を沸かし、沸騰しているところに春雨を入れる。

2

少しおいて春雨がほぐれてきたら、菜箸でさらにほぐしながら袋の表示通りの時間ゆでる（一般的な目安は約2分）。

3

ゆで上がったらすぐにざるに上げ、しっかりと水けをきる。

牛肉のフォー
（recipe P58）

鶏肉のフォー
（recipe P58）

魚介のフォー
（recipe P59）

野菜のフォー
（recipe P59）

牛肉のフォー (P56)

ほんのりピンク色、レアに近い牛肉のおいしさは別格！
クレソンとピーナッツともよく合って、米粉麺の味を引き立てます。

材料（2人分）

フォー　150g
牛ももしゃぶしゃぶ用肉　100g
玉ねぎ　1/2個
A ┌ かつお昆布だし（→P50）　3カップ
　│ しょうが（薄切り）　1かけ分
　│ 酒　大さじ2
　└ ニョクマム　大さじ2と1/2
クレソン　1束
レモン汁・ピーナッツ（粗く刻む）　各大さじ2

作り方

1. 玉ねぎは横に薄切りにする。
2. 鍋にAと1を入れて中火にかけ、ひと煮立ちしたら弱火にし、ふたをして約5分煮る。牛肉を1枚ずつ加え（a）、約1分煮てアクをとる。
3. フォーは袋の表示通りにゆでて湯をきり、器に盛る。2を注ぎ、ざく切りにしたクレソンをのせる。レモン汁をかけ、ピーナッツを散らす。

牛肉は1枚ずつ広げて加え、軽く火を通してやわらかく仕上げる。

Memo 🇻🇳

フォーはベトナム料理に欠かせない、米粉で作られる麺。この麺を使った代表的な料理が牛肉のフォー。ベトナム語で「フォー・ボー」です。本場ではたいてい牛肉のだし汁を使いますが、ここではかつお昆布だしを使いました。

鶏肉のフォー (P56)

器いっぱいに広がる鶏だしは、ぐっと飲み干したいおいしさ！
生のもやしの食感と香りも、おいしさの秘密です。

材料（2人分）

フォー　150g
鶏もも肉　150g
A ┌ かつお昆布だし（→P50）　3カップ
　│ しょうが（薄切り）　1かけ分
　│ 酒　大さじ2
　└ ニョクマム　大さじ2と1/2
もやし（ひげ根をとる）　1/2袋
細ねぎ　4本
香菜　6本
レモン（くし形切り）　2切れ

作り方

1. 鶏肉は好みで皮を取り除き、食べやすい大きさに切る。
2. 鍋にAを入れて中火にかけ、ひと煮立ちしたら1を加え、アクをとりながら再びひと煮立ちさせる。弱火にし、ふたをして約8分煮る。
3. フォーは袋の表示通りにゆでて湯をきり、器に盛る。2を注ぎ、もやし、3cm長さの斜め切りにした細ねぎ、ざく切りにした香菜をのせ、レモンを搾る。

Memo 🇻🇳

牛肉のフォーと並んで人気の鶏肉のフォーは、ベトナム語で「フォー・ガー」。いずれも野菜やハーブをのせたり、レモンを搾ったりして、自分好みに調節しながらいただきます。もやしを生で食べるのもベトナム料理の特徴です。

魚介のフォー（P57）

はまぐりのだしをまとったフォーは、風味よく新鮮な味。
紫玉ねぎとハーブで清涼感も加わって、奥行きを感じます。

材料（2人分）

フォー　150g
はまぐり　300g
紫玉ねぎ　1/2個
A ┌ かつお昆布だし（→P50）　3カップ
　├ しょうが（薄切り）　1かけ分
　├ 酒　大さじ2
　└ ニョクマム　大さじ2と1/2
ミント・バジル　合わせて20g
ライム（くし形切り）　2切れ

作り方

1. 紫玉ねぎは縦に薄切りにし、水に約5分さらして水けをきる。
2. 鍋にAを入れて中火にかけ、煮立ったらよく洗ったはまぐりを加える。アクをとりながらひと煮立ちさせ、弱火にし、ふたをして約5分煮る。
3. フォーは袋の表示通りにゆでて湯をきり、器に盛る。2を注ぎ、1、ミント、バジルをのせ、ライムを搾る。

Memo 🇻🇳
定番の牛肉や鶏肉以外にシーフードを使うフォーもあります。これは「フォー・ゲウ」というはまぐりのフォー。牛肉や鶏肉と比べると、すっきりとした上品なスープに仕上がって、麺をするするっといただけます。

野菜のフォー（P57）

トマトの酸味がきいたスープはさっぱり味ですが、
フライドオニオンが絶妙で、インパクトのある一品です。

材料（2人分）

フォー　150g
ブロッコリー　1/3個
プチトマト　10個
A ┌ かつお昆布だし（→P50）　3カップ
　├ しょうが（薄切り）　1かけ分
　├ 酒　大さじ2
　└ ニョクマム　大さじ2と1/2
ライム果汁　大さじ1
レタス　4枚
＜フライドオニオン＞
玉ねぎ　1/2個
揚げ油　適量

作り方

1. フライドオニオンを作る。玉ねぎは薄切りにしてざるにのせ、1〜2時間おく。160℃に熱した揚げ油に入れ、きつね色になるまで揚げる（a）。
2. ブロッコリーは小房に分け、プチトマトはヘタをとる。
3. 鍋にAと2を入れて中火にかけ、アクをとりながらひと煮立ちさせる。弱火にし、ふたをして約2分煮てライム果汁を加える。
4. フォーは袋の表示通りにゆでて湯をきり、器に盛る。3を注ぎ、細切りにしたレタスとフライドオニオン大さじ2をのせる。

軽く水分が抜けた玉ねぎは、きつね色に揚げると甘みが際立つ。

Memo 🇻🇳
ベトナムやタイでは、料理によくフライドオニオンを使います。ここでは野菜オンリーのさっぱりしたフォーにコクを加えるためトッピングしました。フォー以外に、サラダやスープにもうひと味加えたいときなど、アクセントとして活躍してくれます。4〜5日日持ちするので、多めに作っても。

カオソーイ

材料(2人分)

センレック(4mm幅)　160g
豚厚切り肉　150g
紫玉ねぎ　1/2個

A ┌ しょうが(みじん切り)　1かけ分
　└ カレー粉　小さじ1と1/2

B ┌ 青唐辛子(小口切り)　1/2本分
　│ 酒　1/4カップ
　└ 水　2と1/2カップ

ナンプラー　大さじ2と1/2
せり　6本
レモン(輪切り)　2枚
ごま油　小さじ2
カレー粉　適量

スパイスとナンプラーのハーモニーは
ちょっとやみつきになる味です。

作り方

1. 豚肉と紫玉ねぎはそれぞれ1cm角に切る。

2. 鍋を中火で熱し、ごま油とAを入れて炒め、香りが立ったら1を加え、肉の色が変わるまで炒める。

3. Bを加え、アクをとりながらひと煮立ちさせ、弱火にし、ふたをして約8分煮る。ナンプラーを加え、味を調える。

4. センレックは袋の表示通りにゆでて湯をきり、器に盛る。3を注ぎ、ざく切りにしたせりとレモンをのせ、カレー粉をふる。

Memo　タイ北部やラオスで食べられているカレースープの汁麺。ココナッツミルクが入っていたり、揚げた麺がのっているものも。

スペアリブとナンプラーのレモン麺

材料（2人分）

- センレック（2mm幅） 160g
- スペアリブ 400g
- A
  - にんにく（薄切り） 1片分
  - しょうが（薄切り） 1かけ分
- B
  - だし昆布（5cm角） 1枚
  - レモングラス 4本
  - コブミカンの葉 1枚
  - 赤唐辛子 小3〜4本（大きいものは1/2本）
  - 酒 1/2カップ
  - 水 4カップ
- ナンプラー 大さじ2と1/2
- 細ねぎ 3本
- レモン（くし形切り） 2切れ
- ごま油 小さじ2

作り方

1. 鍋を中火で熱し、ごま油とAを入れ、香りが立ったらスペアリブを加え、表面に焼き色をつける。
2. Bを加え、アクをとりながらひと煮立ちさせ、弱火にし、ふたをして約50分煮る。ナンプラーを加え、味を調える。
3. センレックは袋の表示通りにゆでて湯をきり、器に盛る。2を注ぎ、3cm長さの斜め切りにした細ねぎをのせ、半分に切ったレモンを搾る。

Memo タイにあるスペアリブのスープを汁麺にアレンジしました。レモングラスや赤唐辛子を加えて煮込むと肉の臭みが抜けます。

スペアリブから出る力強い肉のだしとレモングラスのハーモニーは最強！

THAILAND

Memo

タイの屋台料理としてポピュラーなタイ風のラーメン。そのまま料理名になっている「バミー」という小麦粉の麺を使って、焼き豚や肉や魚のだんごなどを具にします。屋台ではたいてい小ぶりな器で出てきます。

a

糸で縛ってある豚肩ロースかたまり肉を使用し、調味料に漬けてから焼く。

b

ワンタンの皮は、少ない油で返しながら揚げ焼きにする。

バミー

ちょっとジャンクな味もする中華乾麺と揚げワンタンに
ナンプラー風味のスープが見事にマッチ。ハマるラーメンです。

材料（2人分）

中華乾麺　2玉
焼き豚（a/→P43）　150g
小松菜　4株
長ねぎ　1/4本
A ┌ かつお昆布だし（→P50）
　│　　3カップ
　│ 赤唐辛子（種をとって小口切り）
　│　　1/2本分
　│ 酒　1/4カップ
　│ 酢　大さじ1
　└ ナンプラー　大さじ2と1/2
ワンタンの皮　6枚
揚げ油　適量

作り方

1. 小松菜は5cm長さに切り、長ねぎは斜め薄切りにする。
2. 鍋にAと長ねぎを入れて中火にかけ、アクをとりながらひと煮立ちさせる。弱火にし、小松菜を加え、ふたをして約3分煮る。
3. 小鍋に1cm高さの揚げ油を170℃に熱し、ワンタンの皮を入れてきつね色になるまで約1分揚げる（b）。
4. 中華乾麺は袋の表示通りにゆでて湯をきり、器に盛る。2を注ぎ、1cm厚さに切った焼き豚と、食べやすく割った3をのせる。

牛骨スープ麺

牛すね肉に香菜の根、にんにくとしょうがもきかせて
じっくり煮込んだスープは、うまみたっぷりの絶品です!

材料(2人分)

フォー　150g
牛すね肉　300g
A ┌ 香菜の根(縦半分に切る)
　│　　2本分
　│ にんにく(たたいてつぶす)
　│　　1片
　│ しょうが(薄切り)
　│　　1かけ分
　│ 酒　1/4カップ
　└ 水　6カップ

B ┌ ナンプラー　大さじ1
　│ しょうゆ
　│　　大さじ1と1/2
　└ 香菜　6本

作り方

1. 鍋にAを入れて中火にかけ、煮立ったら牛肉を加え、アクをとりながらひと煮立ちさせる。弱火にし、ふたをして約50分煮てBを加える。
2. フォーは袋の表示通りにゆでて湯をきり、器に盛る。
3. 1の牛肉を軽くほぐしてのせ、スープを注ぎ、ざく切りにした香菜をのせる。

トムヤムプリックパオ

えびのだしとレモングラスの風味が詰まったスープに
ココナッツミルクも加えたタイらしい味わい。

材料(2人分)

中華生麺　2玉
えび(ブラックタイガーなど)
　　8尾
片栗粉　大さじ2
しめじ　50g
赤ピーマン　2個

A ┌ かつお昆布だし(→P50)
　│　　2カップ
　│ レモングラス　3〜4本
　│ 赤唐辛子(縦半分に切る)　1/2本分
　└ 酒　大さじ2

B ┌ ココナッツミルク
　│　　1カップ
　│ ナンプラー
　└　　大さじ2と1/2

粗びき黒こしょう　適量

作り方

1. えびは殻に切り目を入れ、背ワタをとる。片栗粉をふってもみ洗いし、キッチンペーパーで水けをふく。
2. しめじは石づきを落としてほぐし、赤ピーマンは種をとって縦に細切りにする。
3. 鍋にAを入れて中火にかけ、煮立ったら1と2を加え、アクをとりながらひと煮立ちさせる。弱火にし、ふたをして約5分煮てBを加える。
4. 中華生麺は袋の表示通りにゆでて湯をきり、器に盛る。3を注ぎ、黒こしょうをふる。

揚げた魚が入ったスープはコクが出て
米粉麺のブンのおいしさがぐんと上がります。

フライドフィッシュのブン

材料（2人分）

ブン　150g
白身魚（さわら、すずき、鯛などの切り身）　2切れ
A ┃ おろしにんにく　1/2片分
　 ┃ おろししょうが　1/2かけ分
　 ┃ ニョクマム　小さじ1
薄力粉　大さじ3
B ┃ かつお昆布だし（→P50）　2カップ
　 ┃ おろしにんにく　1/2片分
　 ┃ おろししょうが　1/2かけ分
　 ┃ 酒　1/4カップ
　 ┃ ニョクマム　大さじ2と1/2
ロメインレタス　3枚
ディル　4本
ごま油　大さじ1
揚げ油　適量
チリパウダー　適量

作り方

1. 白身魚は食べやすい大きさに切り、Aをよくもみ込み、薄力粉をまぶす。
2. 揚げ油にごま油を加えて170℃に熱し、1を入れてきつね色になるまで揚げる。
3. 鍋にBを入れて中火にかけ、ひと煮立ちさせる。
4. ブンは袋の表示通りにゆでて湯をきり、器に盛る。3を注ぎ、2、ざく切りにしたロメインレタスとディルをのせ、チリパウダーをふる。

Memo
ベトナム中部ダナンの揚げ魚入りブン。ディルでさわやかさを、チリパウダーでスパイシーな辛みを加えてアレンジしました。

ミエンガー

鶏だしがじんわりしみる春雨の麺料理は、
食欲のないときにもおすすめのまろやかな味。

材料（2人分）

- 緑豆春雨　120g
- 鶏胸肉　120g
- 生しいたけ　2個
- 玉ねぎ　1/2個
- さつま揚げ　2枚
- A ┌ 酒　1/4カップ
　　└ 水　2カップ
- ニョクマム　大さじ2
- 細ねぎ　3本

作り方

1. 鶏肉は好みで皮を取り除き、そぎ切りにする。
2. 生しいたけは石づきを落として4つ割りにし、玉ねぎは縦に薄切りにする。さつま揚げは1.5cm幅に切る。
3. 鍋にAと2を入れて中火にかけ、アクをとりながらひと煮立ちさせる。弱火にし、1を加え、ふたをして約6分煮たらニョクマムを加え、味を調える。
4. 鍋に湯を沸かし、春雨を入れ、約2分ゆでて湯をきる。3に加え、ひと煮立ちしたら器に盛り、2cm長さに切った細ねぎを散らす。

Memo　ベトナム語で「ミエン」は春雨、「ガー」は鶏肉のこと。ベトナムにはフォーやブン以外に、春雨を使った麺料理もあります。

TAIWAN

Memo
酸辣湯といえば、酸っぱくて辛い中国の代表的なスープですが、台湾でも食べられています。今回は麺料理にアレンジしました。旅先で食べた酸辣湯は、酸味と辛みのバランスがよく、仕上げにたっぷりふってあるこしょうが印象的でした。

a

酸辣湯に欠かせない酢は、具材を炒めたあとに酒と水と一緒に加える。

b

豆腐は食べやすい大きさにスプーンですくい、最後に加える。

酸辣湯麺

豚肉、たけのこ、干し貝柱がうまみを出し合うスープが絶品。
仕上げにふる黒こしょうで味がキリッとしまります。

材料（2人分）

半田麺（または冷や麦）　3束
豚ロース薄切り肉　120g
たけのこ（水煮）　80g
えのきたけ　50g
木綿豆腐　1/2丁
干し貝柱　3個
しょうが（せん切り）　1かけ分
A ┌ 酒・酢　各大さじ2
　└ 水　2カップ
B ┌ ラー油　小さじ2
　├ しょうゆ　大さじ2
　└ 塩　小さじ1/4
ごま油　小さじ2
粗びき黒こしょう　適量

作り方

1. 干し貝柱はかぶるくらいの水にひと晩つけてもどし、ほぐす。もどし汁はとっておく。
2. 豚肉とたけのこは細切りにし、えのきたけは3cm長さに切る。
3. 鍋を中火で熱し、ごま油としょうがを入れ、香りが立ったら2を加え、肉の色が変わるまで炒める。
4. 1をもどし汁ごと加え、Aも加え（a）、アクをとりながらひと煮立ちさせる。
5. 弱火にし、ふたをして約10分煮てBを加え、豆腐をスプーンですくい落とし（b）、再びひと煮立ちさせる。
6. 半田麺は袋の表示通りにゆでて湯をきり、器に盛る。5を注ぎ、黒こしょうをふる。

TAIWAN

Memo

台湾の食堂や屋台には、小ぶりな器に入った麺料理がいろいろあって、この担仔麺もそのひとつ。豚肉のそぼろや香菜が入った台南の名物料理です。見た目はシンプルですがあとを引くおいしさで、日本の台湾料理屋さんでもよく見かけます。

a

甘辛の煮汁がよくしみた煮卵は、担仔麺に欠かせないトッピング。

b

調味料ともどした乾物を加えたら、汁が少し残るまで炒め煮する。

担仔麺

うまみたっぷりの乾物と豚そぼろが、スープになじんでコクのある味。
もっちりとしたつるつる食感の麺によくからみます。

材料（2人分）

半田麺（または冷や麦）　3束
豚ひき肉　120g
干ししいたけ　2枚
干しえび　20g
しょうが（みじん切り）　1かけ分
A ┌ 紹興酒（または酒）　1/4カップ
　└ しょうゆ　大さじ2
煮卵（a/→P43）　2個
香菜　4本
ごま油　小さじ1

作り方

1. 干ししいたけは水2と1/2カップにひと晩つけてもどす。干しえびはかぶるくらいのぬるま湯に約20分つけてもどす。それぞれ粗く刻み、もどし汁はとっておく。
2. 鍋を中火で熱し、ごま油としょうがを入れ、香りが立ったらひき肉を加え、肉の色が変わるまで炒める。
3. **A**と**1**の干ししいたけと干しえびを加えて約1分炒め煮する（**b**）。**1**のもどし汁を加え、アクをとりながらひと煮立ちさせ、弱火にし、ふたをして約8分煮る。
4. 半田麺は袋の表示通りにゆでて湯をきり、器に盛る。**3**を注ぎ、半分に切った煮卵と粗く刻んだ香菜をのせる。

魚のだしがきいたすっきり味の汁麺。
最後に加えるセロリの葉で風味が上がります。

魚だんごとセロリの汁麺

材料(2人分)

- 中華生麺　2玉
- 白身魚(さわら、すずき、鯛などの切り身)　1切れ
- A
  - しらす干し　60g
  - しょうが(粗く刻む)　1かけ分
  - 卵白　1個分
  - 塩　小さじ1/3
  - 酒　大さじ1
  - ごま油　小さじ2
- セロリ　1/2本
- セロリの葉　4枚
- 長ねぎ　1/4本
- B
  - かつお昆布だし(→P50)　2カップ
  - 酒　1/4カップ
- ナンプラー　大さじ1

作り方

1. 白身魚は皮と骨を取り除き、3〜4等分に切る。フードプロセッサーに入れ、Aを加えてなめらかになるまで攪拌する。
2. セロリは筋をとって5mm厚さに切り、長ねぎは小口切りにする。
3. 鍋にBと2を入れて中火にかけ、ひと煮立ちしたら4等分した1をだんご状に丸めて加える。再びひと煮立ちさせ、弱火にし、ふたをして約6分煮てナンプラーと細切りにしたセロリの葉を加える。
4. 中華生麺は袋の表示通りにゆでて湯をきり、器に盛って3を注ぐ。

Memo 台湾の屋台で食べた魚だんごのスープを汁麺に。白身魚にしらすを加えてダブル使いにすると、奥行きのある味になります。

トマトと牛肉麺

牛肉から出ただしにトマトの酸味が加わって、印象的なおいしさ！

材料（2人分）

中華生麺　2玉
牛ももしゃぶしゃぶ用肉　120g
トマト　2個
チンゲン菜　1株
A ┌ かつお昆布だし（→P50）　2カップ
　├ にんにく（たたいてつぶす）　1片
　└ 酒　1/4カップ
B ┌ しょうゆ　大さじ1
　└ ナンプラー　小さじ2
ごま油　小さじ2

作り方

1. トマトは6等分のくし形切りにする。チンゲン菜は6つ割りにして根元を落とす。
2. 鍋にAを入れて中火にかけ、ひと煮立ちしたらトマトを加え、牛肉を1枚ずつ広げて加え、アクをとる。
3. Bとチンゲン菜を加え、再びひと煮立ちさせてごま油を加える。
4. 中華生麺は袋の表示通りにゆでて湯をきり、器に盛って3を注ぐ。

Memo　牛肉麺は台湾の代表的な麺料理。お店によっていろいろな味がありますが、ここではナンプラーの風味を加えました。

TAIWAN

Memo

もつやかきなどと一緒に細い麺を煮込む台湾麺線は、台湾夜市の屋台などで人気の料理。たいてい麺は短く切れていて、スプーンなどですくって食べる感じです。本場には細長い独自の麺がありますが、今回は日本のそうめんを使いました。

a

牛もつは一度下ゆですると、臭みが抜けて食べやすくなる。

b

そうめんはゆでずにそのまま加えることで、スープにとろみがつく。

台湾麺線

牛もつのだしにオイスターソースが加わったスープは濃厚。
ゆでずに加えるそうめんから出る独特なとろみも絶妙です。

材料（2人分）

そうめん　3束
牛もつ　200g
A ┌ かつお昆布だし（→P50）
　│　　3カップ
　│ しょうが（せん切り）　1かけ分
　│ 酒　1/4カップ
　│ オイスターソース　大さじ2
　└ 酢　大さじ1
B ┌ しょうゆ　大さじ1
　└ ごま油　小さじ2
香菜　6本
粗びき唐辛子　適量

作り方

1. 牛もつは熱湯で約2分ゆでて（a）冷水で洗い、食べやすい大きさに切る。
2. 鍋にAを入れて中火にかけ、煮立ったら1を加え、アクをとりながらひと煮立ちさせる。
3. 弱火にし、ふたをして約8分煮てBとそうめんを加え（b）、とろみがつくまで約2分30秒煮る。
4. 器に盛り、ざく切りにした香菜を散らし、粗びき唐辛子をふる。

そうめん
日本の夏の食卓に欠かせない細い麺。ここでは台湾麺線のかわりに使用。

しじみ汁麺

台湾ではしじみのしょうゆ漬けが有名ですが、
ここではうまみのあるしじみだしで栄養たっぷりの汁麺に。

材料（2人分）
半田麺（または冷や麦） 3束
しじみ（砂抜き済み） 200g
A ┌ にんにく（薄切り） 1片分
　├ しょうが（薄切り） 1かけ分
　├ 酒 1/4カップ
　├ ナンプラー 大さじ1と1/2
　└ 水 2と1/2カップ
せり 6本
ごま油 小さじ2

作り方

1. 鍋にAを入れて中火にかけ、煮立ったらよく洗ったしじみを加え、アクをとりながらひと煮立ちさせる。
2. 弱火にし、ふたをして約8分煮て火を止め、ごま油と5cm長さに切ったせりを加える。
3. 半田麺は袋の表示通りにゆでて湯をきり、器に盛って**2**を注ぐ。

汁ビーフン

滋味深い味のスープが体にしみ渡る上品でやさしい味。
生きくらげの食感がアクセントに。

材料（2人分）
ビーフン 120g
干しえび 20g
たけのこ（水煮） 80g
生きくらげ 大3枚
A ┌ かつお昆布だし（→P50） 2と1/2カップ
　├ しょうが（せん切り） 1かけ分
　├ 酒 大さじ2
　└ しょうゆ 大さじ1
B ┌ 塩 小さじ1/4
　└ ごま油 小さじ2
細ねぎ（小口切り） 3本分

作り方

1. 干しえびはかぶるくらいのぬるま湯に約20分つけてもどし、粗く刻む。もどし汁はとっておく。
2. たけのこは細切りにし、生きくらげは石づきを落として食べやすい大きさに切る。
3. 鍋に**A**と**1**をもどし汁ごと入れて中火にかけ、煮立ったら**2**を加え、アクをとりながらひと煮立ちさせる。弱火にし、ふたをして約6分煮て**B**を加える。
4. ビーフンは袋の表示通りにゆでて湯をきり、器に盛って**3**を注ぎ、細ねぎを散らす。

冷麺

材料(2人分)

冷麺 2玉
A ┌ 煮干しだし(→P74) 2カップ
  │ ナンプラー 大さじ1と1/2
  └ 黒酢 大さじ1
ゆで豚(→P13) 120g
大根 10cm
きゅうり 1本
塩 小さじ1/3
トマト 1/2個
りんご 1/4個
白菜キムチ 60g
白いりごま 小さじ2

作り方

1. Aは混ぜ合わせ、冷蔵庫で冷やしておく。
2. 大根は薄い半月切りにし、きゅうりは縦半分にして種をとり、薄い斜め切りにする。塩を半量ずつふってもみ、しんなりしたら水分をぎゅっと絞る。
3. トマトは1cm厚さの半月切りにし、りんごは皮つきのまま縦に薄切りにする。
4. 冷麺は袋の表示通りにゆでてざるに上げ、冷水でしめて水けをきる。器に盛り、1を注ぎ、食べやすい大きさに切ったゆで豚、2、3、キムチをのせ、白ごまをふる。

Memo 韓国冷麺には、汁なしのビビン(=混ぜる)冷麺(→P24)と、スープに麺と具を入れる、こちらのムル(=水)冷麺があります。

コシの強い韓国冷麺に、ほんのり酸っぱい冷たいスープがよく合います。

ユッケジャン春雨

コクのあるコチュジャンの辛みがきいたスープは
ポーチドエッグでまろやかに。

材料（2人分）

韓国春雨　120g
牛カルビ肉　120g
A ┌ にんにく（薄切り）　1片分
　└ しょうが（薄切り）　1かけ分
B ┌ 煮干しだし（→P74）　2カップ
　└ 紹興酒（または酒）　1/4カップ
C ┌ コチュジャン　小さじ1と1/2
　└ しょうゆ　大さじ1
卵　2個
酢　小さじ2
豆もやし（ひげ根をとる）　1/2袋
細ねぎ　3本
ごま油　小さじ2

作り方

1. 韓国春雨はかぶるくらいの熱湯につけ、約10分おいてもどし、水けをきる。牛肉は1cm幅に切る。
2. 鍋を中火で熱し、ごま油とAを入れ、香りが立ったら牛肉を加え、肉の色が変わるまで炒め、取り出す。
3. 2の鍋にBを入れて中火にかけ、煮立ったらCと1の春雨を加える。弱火にし、ふたをして約5分煮る。
4. 小鍋にたっぷりの湯と酢を入れて中火で熱し、卵を割り入れ、半熟状になるまでゆでてポーチドエッグを作る。
5. 3を器に盛り、2の牛肉、4、豆もやし、2cm長さの斜め切りにした細ねぎをのせる。

Memo　牛肉ともやしなどを辛いスープで煮込むユッケジャンに春雨を加えました。ご飯にかえるとユッケジャンクッパに。

KOREA

Memo 🇰🇷

コングクスは韓国の冷たい麺料理。大豆をペースト状にして作る豆乳スープに細い麺を入れたもので、韓国で食べた味が忘れられず再現しました。きゅうりやキムチをのせるのが一般的ですが、ここでは塩もみしたかぶを使いました。

a 煮干しとだし昆布を水にひと晩つけて水出ししたものを煮出す。

b ゆでた大豆に煮干しだしを加えて、なめらかになるまで攪拌する。

コングクス

手作りした豆乳は、えも言われぬ初めてのおいしさ！
食欲が落ちる暑い季節にも食べやすい栄養満点の麺料理です。

材料（2人分）

半田麺（または冷や麦）　3束
大豆（乾燥）　100g
煮干しだし(a)　2カップ
ナンプラー　大さじ2
かぶ　2個
かぶの葉　8本
塩　小さじ1/3
粗びき唐辛子　適量

作り方

1. 大豆はかぶるくらいの水にひと晩つけてもどす。
2. 1をざるに上げて鍋に入れ、かぶるくらいの水を加える。中火にかけ、アクをとりながらひと煮立ちさせる。
3. 弱めの中火にし、豆が出ないように湯を足しながら、指でつまんで豆がつぶれるくらいになるまで約50分ゆでる。
4. 3の大豆をざるに上げてミキサーに入れ、煮干しだしを加えて攪拌し（b）、ナンプラーを加えて混ぜ、冷蔵庫で冷やす。
5. かぶは10等分のくし形切りにし、塩の半量をふって10分おき、しんなりしたら水けをきる。葉は1cm長さに切り、残りの塩をふってもみ、水けを絞る。
6. 半田麺は袋の表示通りにゆでてざるに上げ、冷水でしめて水けをきり、器に盛る。4を注いで氷を浮かべ、5をのせて粗びき唐辛子をふる。

煮干しだしのとり方（5カップ分）

煮干し7本は腹ワタとエラをとり、半分に割る。水1ℓにだし昆布5cm角1枚とともに入れ、冷蔵庫でひと晩つける（水出し）。鍋に移して中火にかけ、ひと煮立ちさせて煮干しと昆布を取り出す。冷蔵庫で約2日間保存可能。

カルグクス

韓国語で「カル」は包丁、「グクス」は麺類のこと。
うどんのような手打ち麺を使った料理です。

材料（2人分）

うどん（乾麺） 120g
あさり（砂抜き済み） 200g
ズッキーニ（緑・黄） 各1/2本
A ┌ しょうが（薄切り） 1かけ分
　├ 酒　大さじ2
　├ ナンプラー　大さじ1と1/2
　└ 水　2と1/2カップ
岩のり（乾燥） 5g
白いりごま　小さじ2

作り方

1. あさりはよく洗い、ズッキーニは薄い輪切りにする。
2. 鍋にAを入れて中火にかけ、煮立ったら1を加え、アクをとりながらひと煮立ちさせる。弱火にし、ふたをして約5分煮て岩のりを加え、さっと煮る。
3. うどんは袋の表示通りにゆでて湯をきり、器に盛る。2を注ぎ、白ごまをふる。

豚バラと春菊の韓国麺

韓国料理のカムジャタンを思い出す味。
煮くずれしたじゃがいもが麺にとろりとからみます。

材料（2人分）

中華乾麺　2玉
豚バラ肉　150g
春菊　4本
じゃがいも　2個
A ┌ にんにく（たたいてつぶす）　1片
　├ コチュジャン　小さじ1
　├ 紹興酒（または酒）　1/4カップ
　├ しょうゆ　大さじ2
　├ 塩　小さじ1/4
　└ 水　3カップ
ごま油　小さじ1
黒すりごま　小さじ2

作り方

1. 豚肉は4cm幅に、じゃがいもは4等分に、春菊は食べやすい長さに切る。
2. 鍋にごま油を中火で熱し、豚肉を入れて肉の色が変わるまで炒める。
3. Aとじゃがいもを加え、アクをとりながらひと煮立ちさせる。弱火にし、ふたをして約12分煮て春菊を加え、さっと煮る。
4. 中華乾麺は袋の表示通りにゆでて湯をきり、器に盛る。3を注ぎ、黒ごまをふる。

担々麺

材料（2人分）

- 中華生麺　2玉
- 豚ひき肉　150g
- 玉ねぎ　1/2個
- チンゲン菜　1株
- A
  - にんにく（みじん切り）　1片分
  - しょうが（みじん切り）　1かけ分
  - 豆板醤　小さじ1/2
- B
  - 紹興酒（または酒）　1/4カップ
  - 水　2カップ
- C
  - 白練りごま　大さじ4
  - 白いりごま　大さじ1
- しょうゆ　大さじ1
- 塩　小さじ1/2
- ごま油　小さじ2
- ラー油・白すりごま（ともにあれば）　各適量

作り方

1. 玉ねぎは縦に薄切りにする。チンゲン菜は茎をそぎ切りに、葉はざく切りにする。
2. 鍋を中火で熱し、ごま油とAを入れて炒め、香りが立ったらひき肉を加え、肉の色が変わるまで炒める。玉ねぎとBを加え、アクをとりながらひと煮立ちさせる。
3. Cを加えてなじませ、チンゲン菜を加えて弱火にし、約2分煮てしょうゆと塩を加える。
4. 中華生麺は袋の表示通りにゆでて湯をきり、器に盛る。3を注ぎ、好みでラー油をたらし、白ごまをふる。

Memo　辛味調味料で炒めた豚そぼろをのせる担々麺は、中国の四川省で生まれたそう。今ではすっかり日本でもおなじみの味です。

風味よく濃厚なスープのポイントは
白ごまのダブル使いです。

豚肉とたっぷり野菜で深くてやさしい味に。
とろみのあるスープが麺によくからみます。

五目広東麺

材料（2人分）

中華生麺　2玉
豚薄切り肉　150g
片栗粉　大さじ3
白菜　2枚
にんじん　1/3本
ヤングコーン　2本
絹さや　6枚
A ┌ かつお昆布だし（→P50）　2カップ
　 └ 酒　1/4カップ
B ┌ しょうゆ　大さじ1
　 └ 塩　小さじ1/2
ごま油　小さじ2
粗びき黒こしょう　適量

作り方

1. 豚肉は3cm幅に切り、片栗粉をまぶす。
2. 白菜は茎をそぎ切りに、葉はざく切りにする。にんじんは短冊切りにし、ヤングコーンは縦半分に切る。
3. 鍋にごま油を中火で熱し、1を入れて色が変わるまで炒める。2を加えてしんなりするまで炒めたらAを加え、アクをとりながらひと煮立ちさせる。弱火にし、ふたをして約5分煮る。
4. 筋をとった絹さやとBを加え、軽くとろみがつくまで煮る。
5. 中華生麺は袋の表示通りにゆでて湯をきり、器に盛って4を注ぎ、黒こしょうをふる。

Memo 数種の具材が入ったスープにとろみをつけて麺と合わせる、中華料理屋さんの定番。えびやうずら卵を加えても。

CHINA

Memo

パーコー麺は「排骨麺」と書き、もともとは揚げた骨つき豚肉をのせる麺料理。今はベトナムでは牛肉、その他の東南アジアでは鶏肉を使うことも多いです。骨つき豚肉は手に入りにくいので、作りやすい鶏もも肉のから揚げにしました。

a

五香粉を加えた調味料をよくもみ込んで、鶏肉に下味をつける。

b

揚げ終わりに温度を上げ、カリッと仕上げるのがポイント。

パーコー麺

鶏肉のから揚げを豪快にのせた麺料理。
しっかりと下味がついた鶏肉は、揚げたてもよし、スープがしみたあともよし。

材料（2人分）

中華生麺　2玉
鶏もも肉　2枚（400g）
A ┌ 五香粉　小さじ1/4
　├ 紹興酒（または酒）・
　│　しょうゆ
　└　　各大さじ2
片栗粉　大さじ3
ほうれん草　4株
長ねぎ（小口切り）　15cm分

B ┌ かつお昆布だし
　│　（→P50）　3カップ
　├ 塩　小さじ1/4
　├ 紹興酒（または酒）・
　│　しょうゆ
　└　　各大さじ2
揚げ油　適量

作り方

1. 鶏肉は好みで皮を取り除き、厚い部分に包丁を入れて厚さを均一にし、**A**をよくもみ込む（**a**）。

2. フライパンに1.5cm高さの油を160℃に熱し、片栗粉をまぶした**1**を入れ、両面がきつね色になるまで揚げる（**b**）。最後に火を強くして油の温度を上げ、カリッとさせる。

3. 鍋に**B**を入れて中火にかけ、ひと煮立ちさせる。ほうれん草と長ねぎを加え、さっと煮る。

4. 中華生麺は袋の表示通りにゆでて湯をきり、器に盛る。**3**を注ぎ、食べやすい大きさに切った**2**をのせる。

麻婆麺

花椒の辛みと風味が全体を引き締めます。
とろんとおいしい麻婆豆腐と麺をよく混ぜて!

材料(2人分)

中華生麺　2玉
豚ひき肉　120g
木綿豆腐　200g
A ┌ にんにく(みじん切り)
　│　1片分
　│ しょうが(みじん切り)
　│　1かけ分
　└ 豆板醤　小さじ1/2

B ┌ かつお昆布だし(→P50)
　│　3カップ
　│ 酒　大さじ1
　│ しょうゆ　大さじ1と1/2
　└ 塩　小さじ1/4
花椒(粗く刻む)　小さじ1
長ねぎ(みじん切り)　12cm分
片栗粉・ごま油　各大さじ1

作り方

1. 豆腐は重しをし、約1時間おいて水きりをし、1.5cm角に切る。
2. フライパンを中火で熱し、ごま油大さじ1/2とAを入れて炒め、香りが立ったらひき肉を加え、肉の色が変わるまで炒める。
3. 1とBの1/3量を加え、アクをとりながらひと煮立ちさせる。弱火にし、ふたをして約5分煮る。
4. 花椒と長ねぎを加え、水溶き片栗粉(片栗粉を水大さじ2で溶く)を加えてとろみをつける。ひと煮立ちさせ、残りのごま油を加える。
5. 鍋に残りのBを入れて中火にかけ、ひと煮立ちさせる。
6. 中華生麺は袋の表示通りにゆでて湯をきり、器に盛る。5を注ぎ4をのせる。

ワンタン麺

えびのうまみが詰まったワンタンに、
素朴なかつお昆布だしのスープがよくなじみます。

材料(2人分)

えび卵麺　2玉
えび(ブラックタイガーなど)
　7尾
片栗粉　大さじ2
A ┌ しょうが(みじん切り)
　│　1かけ分
　│ 塩　小さじ1/4
　└ 酒　小さじ2

ワンタンの皮　8～10枚
ターツァイ　2株
B ┌ かつお昆布だし(→P50)
　│　3カップ
　│ 酒　大さじ1
　│ しょうゆ　大さじ1と1/2
　└ 塩　小さじ1/4
糸唐辛子　適量

作り方

1. えびは殻をむいて背ワタをとり、片栗粉をふってもみ洗いし、キッチンペーパーで水けをふく。包丁で粗くたたき、Aを加えて混ぜる。
2. ワンタンの皮に1を小さじ1ずつのせ、皮の縁に水をつけて三角形に包む。熱湯で約2分ゆでて水けをきる。
3. 鍋にBを入れて中火にかけ、煮立ったら2とターツァイを入れて弱火にし、約3分煮る。
4. えび卵麺は袋の表示通りにゆでて湯をきり、器に盛る。3を注ぎ、糸唐辛子を散らす。

CHINA

Memo

小麦粉で作った生地を、包丁で削りながら鍋に入れる中国の独特な麺料理。きしめんで代用もできますが、今回は家庭で生地から作り、冷凍してからピーラーで削るレシピでご紹介。手作り麺のおいしさを、ぜひお試しください。

a

生地が手につかなくなるくらいの状態になるよう、水分量を調節する。

b

乾燥しないようにラップで包み、冷凍するとピーラーでそぎやすい。

c

凍ったままの生地を、ピーラーで長めにそいでからゆでる。

刀削麺

このつるんとしたなめらかな食感は手作りの麺ならでは！
干しえびを加えた、しっかり味の牛そぼろとよく合います。

材料（2人分）

刀削麺　約200g
牛ひき肉　150g
干しえび　大さじ1
ザーサイ（塩漬け）　40g
しょうが（みじん切り）　1かけ分
A ┃ 紹興酒（または酒）　大さじ2
　 ┃ 水　3カップ
香菜　6本
ラー油　適量
ごま油　適量

作り方

1. 干しえびはかぶるくらいのぬるま湯に約30分つけてもどし、粗く刻む。もどし汁はとっておく。ザーサイは薄切りにし、水に約10分さらして塩抜きし、粗く刻む。
2. フライパンを中火で熱し、ごま油小さじ2としょうがを入れ、香りが立ったらひき肉を加え、肉の色が変わるまで炒める。
3. 1ともどし汁、Aを加え、アクをとりながらひと煮立ちさせる。弱火にし、ふたをして約5分煮る。
4. 鍋に湯を沸かし、ごま油大さじ1を入れ、削った刀削麺を加え、約40秒ゆでて湯をきる。
5. 器に盛り、3を注ぎ、ざく切りにした香菜をのせ、ラー油をまわしかける。

刀削麺の材料と作り方（作りやすい分量）

ボウルに強力粉80g、薄力粉70g、塩小さじ1/4、ごま油大さじ1を入れ、水70〜80㎖を少しずつ加えて混ぜ（**a**）、手につかなくなったら、打ち粉をしながらなまこ状に整え、ラップで包み冷凍庫で2時間冷やし固める（**b**）。ゆでるときにピーラーで長めに削る（**c**）。

チャーシューと豆苗のラーメン

定番のチャーシュー麺は、シンプルなしょうゆ味で。
焼き豚は薄切りが多いですが、ここではごろんと大きめに。

材料（2人分）
卵麺　2玉
焼き豚（→P43）　200g
豆苗　1/2袋
A ┌ かつお昆布だし（→P50）　3カップ
　│ 酒　大さじ1
　│ しょうゆ　大さじ1と1/2
　└ 塩　小さじ1/4

作り方

1. 焼き豚は3cm角に切る。豆苗は根を落とし、長さを3等分に切る。
2. 鍋にAを入れて中火にかけ、煮立ったら焼き豚を加え、弱火にし、ふたをして約5分煮る。豆苗を加え、さっと煮る。
3. 卵麺は袋の表示通りにゆでて湯をきり、器に盛って2を注ぐ。

高菜と豚肉の汁麺

漬け物独特の発酵した風味がおいしさのカギ。
豚肉のうまみと相まって、あとを引くおいしさです。

材料（2人分）
中華生麺　2玉
高菜漬け　80g
豚ロース薄切り肉　120g
長ねぎ（白い部分）　10cm
しょうが（せん切り）　1かけ分
黒酢　大さじ1
A ┌ かつお昆布だし（→P50）　3カップ
　│ 酒　大さじ1　塩　小さじ1/4
　└ しょうゆ　大さじ1と1/2
ごま油　小さじ2

作り方

1. 高菜漬けはみじん切りに、豚肉は細切りにする。
2. 長ねぎは縦に切り目を入れ、芯を除いてせん切りにし、水にさっとさらして水けをきる。
3. 鍋を中火で熱し、ごま油としょうがを入れ、香りが立ったら1を加え、肉の色が変わるまで炒める。
4. 黒酢を加えてさっと炒め、Aを加える。アクをとりながらひと煮立ちさせ、弱火にし、ふたをして約5分煮る。
5. 中華生麺は袋の表示通りにゆでて湯をきり、器に盛る。4を注ぎ、2をのせる。

アジアのスイーツ

麺料理を堪能したら、最後はアジアのスイーツで。
台湾、ベトナム、中国の代表的なデザートをご紹介します。

マンゴープリン

フレッシュマンゴーで作る台湾の人気デザート。
自然な甘みにシナモンパウダーをきかせて。

材料と作り方（約24×20×高さ3.5cmの容器1個分）

1. 粉ゼラチン8gは水大さじ2でふやかしておく。
2. マンゴー2〜3個は皮と種を除き、3cm角に切って300gにする。ミキサーに入れて牛乳1カップと生クリーム1/2カップを加え、なめらかになるまで攪拌し、ざるで漉す。
3. 鍋に入れて中火で熱し、表面に小さい泡が出てきたら火を止め、1とはちみつ大さじ3を加えて溶かす。鍋の底を氷水にあて、粗熱がとれるまでゴムべらで混ぜる。
4. 容器に移し、冷蔵庫で約2時間冷やし固めたら、スプーンですくって器に盛る。合わせたコンデンスミルク大さじ2と牛乳大さじ3をかけ、シナモンパウダー少々をふる。

豆花

固めた豆乳にシロップをかけた台湾の定番デザート。
台湾では朝食に温かい豆花を食べる習慣も。

材料と作り方（直径20cmのボウル1個分）

1. ピーナッツ80gはかぶるくらいの水にひと晩つけておく。
2. 1の水を捨てて鍋に入れ、再びたっぷりの水を注いで中火にかけ、煮立ったら弱火にし、やわらかくなるまで約20分ゆでる。
3. 粉ゼラチン5gは水大さじ2でふやかしておく。
4. 鍋に豆乳1と1/2カップを入れて中火にかけ、表面に小さい泡が出てきたら火を止め、3とコーンスターチ小さじ2を加えて溶かす。鍋の底を氷水にあて、粗熱がとれるまでゴムべらで混ぜる。容器に移し、冷蔵庫で約2時間冷やす。
5. 小鍋にしょうが1かけ、てん菜糖（または上白糖）80g、水2カップを入れて中火にかけ、煮立ったらアクをとり、弱火にし、約15分煮る。粗熱がとれたら冷蔵庫で冷やす。
6. 4をスプーンですくって器に盛り、2をのせて5を注ぐ。

パクチーアイス

香菜＋ココナッツミルクはベトナムの味。
ほんのり甘く、スプーンが止まらないおいしさ。

材料と作り方
（約24×20×高さ3.5cmの容器1個分）

1. 香菜10本は根もよく洗い、根はみじん切りに、葉はざく切りにする。
2. ミキサーに1、ココナッツミルク・豆乳（または牛乳）各1カップ、てん菜糖（または上白糖）70g、塩ひとつまみを入れ、なめらかになるまで攪拌する。容器に移し、冷凍庫で約1時間冷やす。
3. 一度取り出してフォークでかき混ぜ、さらに1時間冷やす。もう一度これを繰り返したら、食べやすく砕いて器に盛り、粗びき黒こしょう少々をふる。

ベトナムプリン

コンデンスミルク入りのプリンは濃厚で
コーヒー味のカラメルがよく合います。

材料と作り方（80mlのプリン型6個分）

1. ボウルに卵3個、卵黄1個分、牛乳1と1/2カップ、コンデンスミルク80mlを入れ、泡立て器でよく混ぜ、ざるで漉す。
2. 小鍋にグラニュー糖100gと水大さじ1と1/2を入れて中火にかけ、木べらで混ぜながらカラメル色になるまで煮詰める。
3. 火を止めて濡れぶきんの上に置き、エスプレッソコーヒー1/4カップを加えてなじませ（はねるので注意する）、熱いうちに型に等分して流し入れる。
4. カラメルが冷めたら上から1を等分して注ぎ、竹串で刺して（またはスプーンですくう）表面の泡を除く。
5. 蒸気の上がった蒸し器に入れ、弱めの中火で約5分蒸したら弱火にし、さらに約12分蒸す。竹串を刺し、生地がついてこなければ取り出し、粗熱がとれたら冷蔵庫で冷やす。
6. 型の縁にナイフなどを入れて型からはずし、器に盛り、氷とミント各適量を添える。

コリアンダークッキー

ベトナム土産でおなじみの香菜入りクッキー。
薄焼きのパリパリ感がくせになります。

材料と作り方（約5×2.5cmの直方形16枚分）

1. 薄力粉100gはボウルにふるい入れ、てん菜糖（または上白糖）50gを合わせ、ココナッツミルク（または豆乳）大さじ4を加え、さらにココナッツオイル大さじ3～4を少しずつ加え、生地が手につかなくなるくらいにまとまるまで混ぜる。
2. 約25cm角のオーブンシートに1の生地をのせ、上にもう1枚オーブンシートをかぶせ、めん棒で生地を20cm角にのばす。
3. かぶせたオーブンシートをはずし、ピーナッツバター大さじ3を全体に薄くのばし、ざく切りにした香菜4本分を全体に散らす（香菜の葉適量はとっておく）。
4. 3を2つ折りにし、再びオーブンシートをかぶせ、めん棒で7～8mm厚さにのばす。オーブンシートをはずし、とっておいた香菜の葉を散らす。
5. 180℃に予熱したオーブンで15～20分焼き色がつくまで焼き、温かいうちに長方形に切り分けて冷ます。

バナナココナッツフライ

揚げたバナナはとろりと甘く、おいしさ抜群！
チリパウダーでピリッと締めるのがポイント。

材料と作り方（2人分）

1. バナナ2本は縦半分にし、さらに長さを半分に切り、薄力粉大さじ1を薄くまぶす。
2. ボウルに卵1個、ココナッツミルク（または豆乳）大さじ3、薄力粉大さじ2を入れてよく混ぜ、1をくぐらせる。
3. 揚げ油適量にココナッツオイル大さじ1を加えて170℃に熱し、2を入れ、きつね色になるまで約1分30秒揚げる。
4. 器に盛り、ココナッツファイン大さじ4を散らし、チリパウダー適量をふる。

ドラゴンフルーツの
ジャスミンマリネ

ふわっと香るジャスミン茶のシロップに、
フルーツを漬けたシンプルなデザート。

材料と作り方（2人分）

1. 小鍋にジャスミン茶大さじ4、水2と1/2カップ、てん菜糖（または上白糖）150gを入れて中火にかける。
2. 煮立ったら弱火にし、約3分煮てざるで濾し、粗熱がとれたらレモン汁大さじ1とレモンの輪切り4枚を加える。
3. ドラゴンフルーツ2個は皮をむき、3cm角に切って2に加える。冷蔵庫で約2時間冷やし、器に盛る。

杏仁豆腐

中国のデザートといえばこれ。ここでは
杏の種の仁で作る本格派レシピでご紹介します。

材料と作り方（約24×20×高さ3.5cmの容器1個分）

1. 杏仁15個はたっぷりの水にひと晩つけてふやかしておく。
2. 小鍋にてん菜糖（または上白糖）80g、水2カップ、クコの実大さじ2を入れて中火にかけ、ひと煮立ちしたら弱火にし、約5分煮て火を止め、あればキルシュ大さじ1を加える。粗熱がとれたら冷蔵庫で冷やす。
3. 1の水を捨てて杏仁をミキサーに入れ、水1カップを加えて粉状になるまで撹拌し、ざるで濾して液体を抽出する。
4. 鍋に3と粉寒天2gを入れて中火にかけ、ひと煮立ちさせて粉寒天を溶かす。
5. 牛乳1カップとてん菜糖（または上白糖）大さじ2を加え、弱めの中火にし、表面に小さな泡が出てきて温まったら火を止める。
6. 鍋の底を氷水にあて、粗熱がとれるまで冷やし、容器に移して冷蔵庫で約1時間冷やし固める。ひし形に切り分けて器に盛り、2を注ぐ。

マーラーカオ

ふんわり&しっとり生地の中華風蒸しパン。
ココナッツの香りをきかせてエスニック風に。

材料と作り方（直径15cmの丸型1個分）

1. 薄力粉120g、黒砂糖80g、ベーキングパウダー小さじ2、塩ひとつまみは合わせてふるう。
2. ボウルに卵3個、ココナッツミルク大さじ2、ココナッツオイル大さじ4を入れ、泡立て器でよく混ぜる。1に加え、なめらかになるまで手早く混ぜる。
3. 型にオーブンシートを敷き、2を流し入れる。蒸気の上がった蒸し器に入れ、強火で約30分蒸す。

ピーナッツとごまの揚げだんご

おなじみの白玉で作る揚げだんご。
もちもちなのにさくっと軽い、絶妙な味です！

材料と作り方（2人分）

1. ピーナッツ（無塩）大さじ4はすり鉢で粗くすり、粉砂糖大さじ2を加えて混ぜ合わせる。黒すりごま大さじ4に粉砂糖大さじ2を加えて混ぜ合わせる。
2. 白玉粉100gに水80〜100mlを加え、耳たぶくらいの固さになるまで混ぜ、12等分して円盤形に丸める。
3. 170℃に熱した揚げ油適量に2を入れ、表面がはじけるまで揚げる。半量に分けて1をそれぞれまぶし、器に盛る。

ワタナベマキ
Maki Watanabe

料理家。簡潔でわかりやすいレシピ、独創的な素材の組み合わせや味つけに定評がある。ナチュラルなライフスタイルにもファンが多く、SHOPとコラボしたオリジナル雑貨や洋服のプロデュース、雑誌や書籍、広告、テレビなど多方面で活躍中。忙しい合間を縫ってアジア各国やハワイなどに出かける旅好きでもある。第2回「料理レシピ本大賞」入賞の『そうざいサラダ』のほか、『アジアのごはん』『アジアのサラダ』『らくつまみ100』『Aloha Hawaii Guide』（すべて小社刊）など著書も多数。

撮影　佐々木カナコ（台湾にて）

STAFF

アートディレクション・デザイン　鳥沢智沙（sunshine bird graphic）
撮影　寺澤太郎
スタイリング　佐々木カナコ
校閲　滄流社
取材・構成　草柳麻子
編集　泊出紀子

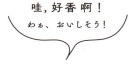

アジアの麺

著　者　ワタナベマキ
編集人　泊出紀子
発行人　永田智之
発行所　株式会社 主婦と生活社
　　　　〒104-8357　東京都中央区京橋3-5-7
　　　　TEL 03-3563-5129（編集部）
　　　　TEL 03-3563-5121（販売部）
　　　　TEL 03-3563-5125（生産部）
　　　　http://www.shufu.co.jp/
製版所　東京カラーフォト・プロセス株式会社
印刷所　大日本印刷株式会社
製本所　株式会社若林製本工場
ISBN978-4-391-15165-7

落丁・乱丁の場合はお取り替えいたします。お買い求めの書店か、小社生産部までお申し出ください。

Ⓡ本書を無断で複写複製（電子化を含む）することは、著作権法上の例外を除き、禁じられています。本書をコピーされる場合は、事前に日本複製権センター（JRRC）の許諾を受けてください。
また、本書を代行業者等の第三者に依頼してスキャンやデジタル化をすることは、たとえ個人や家庭内の利用であっても一切認められておりません。
JRRC（https://jrrc.or.jp　Eメール：jrrc_info@jrrc.or.jp　TEL：03-3401-2382）

©MAKI WATANABE 2018 Printed in Japan

お送りいただいた個人情報は、今後の編集企画の参考としてのみ使用し、他の目的には使用いたしません。
詳しくは当社のプライバシーポリシー（http://www.shufu.co.jp/privacy/）をご覧ください。